国 家 出 版 基 金 项 目
教育部人文社科重大委托项目

世界女子高等教育及大学女校长研究

世界大学女校长◆女子大学丛书

国家出版基金项目
NATIONAL PUBLICATION FOUNDATION

世界大学女校长◆女子大学丛书
Series on World Women University Presidents & Women's Universities

Maria Helena Nazaré

# 玛利亚·埃莱娜·纳扎雷

## 葡萄牙阿威罗大学校长

杨懿 高静然 著

中国传媒大学出版社
Communication University of China Press

# 总　序

百年大计，教育为本。世界各国的经验表明，强国梦必须有科教梦做支撑。科教兴国，是中国的基本国策，是从教育大国到教育强国、从人口大国到人力资源强国的必由之路。高等教育处于教育体系的顶端，是联结科技与教育的重要桥梁。衡量一个国家科技和教育水平的高低，在很大程度上要看这个国家高等教育的水平。

回顾大学的发展历史，我们不难发现，一所大学办学质量的高低，往往取决于校长的水平。世界著名大学发展的每个重要阶段，都铭刻着大学校长的办学理念和思想，正如艾略特之于哈佛大学，蔡元培之于北京大学，梅贻琦之于清华大学。研究大学校长的办学理念和思想，是管窥一所大学兴衰成败的途径，而专门研究大学女校长，则独辟蹊径，别开生面。

中国现代教育史上，大学校长虽以男性居多，然而成就卓著的女校长也不乏其人。她们推动了大学的变革，丰富了大学的精神内涵，如金陵女子大学老校长吴贻芳，复旦大学前校长谢希德，东南大学前校长韦钰，同济大学前校长吴启迪，等等。女校长人数虽然屈指可数，但其业绩丝毫不逊于男性同行。大学女校长为高等教育的发展注入了活力，做出了贡献。大学女校长的治校理念、办学风格乃至传奇的职业生涯，确实值得深入研究和细致品味。

女子大学是高等院校序列中的一种特有形式，为世界高等教育的发展做出了重要贡献。著名的女子大学，如韦尔斯利学院、史密斯学院、淑明女子大学、日本女子大学、御茶之水女子大学，以及中国历史上的金陵女子大学、北京女子师范大学、华南女子大学等，都写下了光辉的篇章，是世界高等教育的重要组成部分。研究世界各国女子大学，总结提炼女子高等教育的办学经验和人才培养模式，探索现代女性接受高等教育的多样化形式，对于寻求符合女性特质的教育理念和教育方法，应该说是一种有益的尝试。

由中国传媒大学承担的教育部重大委托项目——“完善中国现代大学制度视域中世界女子高等教育及大学女校长群体研究”课题，对以上两个领域进行了系统深入的研究。“世界大学女校长·女子大学”丛书，就是这一课题的主要成果。这套丛书分为四个系列：女子高等教育系列，考察全球女子高等教育的发展轨迹，呈现其办学传统和教育特色；中外大学女校长个案研究系列，以人物传记的形式深度追踪大学女校长的人生经历，剖析她们的成长历程、心智历练、办学理念和治校方略；女校长群体研究系列，群像式描绘某一国家或地区的大学女校长群体，彰显女校长个性的同时，探寻她们的共性；“世界大学女校长论坛”图文集锦系列，汇集展示了大学女校长在历届论坛上的真知灼见和绚丽风采。四个系列，四十余本，蔚为大观。

“世界大学女校长·女子大学”丛书，也是“世界大学女校长论坛”历时十三年深入研究高等教育及女性培养结出的硕果，是深化论坛主旨、促进女性事业和教育事业发展的学术行动。丛书的写作，依托“论坛”这一平台，深度访谈和研究了参加历届论坛的大学女校长，系统整理了多年积累的学术成果，可以说，“论坛”既是女校长们交流合作的舞台，也是本套丛书得以出版的重要基础。

自1995年北京第四届世界妇女大会召开以来，世界妇女运动取得了长足的进展，性别平等的高端主题——女性领导力，也已经是全球关注的议题，与女性学相关的课程在中国高校已经四处开花。今天，有识之士都深刻认识到，女性在社会各个领域的创造力和领导力，是推动社会全面发展的动力之一，也是人类文明进步的重要标尺。“世界大学女校长·女子大学”丛书，对于提升女性领导力，具有重要的参考价值，对于知识女性的成长具有积极的引导意义。

大学女校长是高等教育、女性、领导力的集结点，是知识女性的杰出代表，是自尊、自信、自立、自强的典型，她们不但为高等教育的发展做出了应有的贡献，更以自己坚韧顽强、宽厚包容、无私奉献的品质与情怀，阐释了女性领导力的独特内涵。对于广大女性来说，她们是教育典范和女性楷模，具有榜样的力量和示范的价值，定能引领青年女性沿着正确的道路勇敢前行。

女性的发展，既需要社会各方面的支持，更需要女性自身具备积极进取的意志和宽广博大的胸怀。希望丛书的研究成果能产生广泛和深远的影响，为女性高等教育提供宝贵借鉴，为精英女性的成长与成功给予智力支持；促进全社会更加重视女性平等的教育接受权和职业发展权；激励正在为打破“玻璃天花板”而奋斗的新一代女性，为女性领导力的培育与提高奠定坚实基础。

是为序。

2014年7月

# 前　言

我在中国传媒大学工作近五十年，其中有三十多年在学校领导岗位上任职。这些经历让我有更多的机会体悟、思考女性接受高等教育的重要、女性走向领导岗位的不易。

早在1996年，我即萌生组织世界各国为数不多的大学女校长进行交流合作的想法，但当时忙于学校的学科建设和转型，这一想法被搁置下来。直到2001年，在诸多同事的帮助下，我才将这一构想变成现实，召开了大学女校长“新世纪高等教育发展战略国际论坛”。此后论坛每隔两至三年举办一次。2006年，论坛挂靠中国教育国际交流协会，组建了世界大学女校长论坛组委会，负责论坛的筹划、组织工作；2009年，在江苏有关部门的关心和支持下，成立了江苏中外大学女校长教育发展基金会，为论坛筹集资金。迄今，世界大学女校长论坛已在中国北京、南京、厦门举办五届，并在新西兰、日本、美国、土耳其、津巴布韦和墨西哥等地召开六次分论坛，吸引了79个国家的800余人次大学女校长。

十年来，在与各国大学女校长的交流互动中，我深刻地感受到，女性在高等教育领域作为决策者和领军者可谓凤毛麟角，其人生历练和办学实践值得浓墨重书。翻阅每位女校长的简历、细读她们给论坛提交的论文，总能激起我发自内心的共鸣，赞佩她们的治校理念、管理智慧和人格魅力。每一位女校长都拥有鲜为人知的心路历程、卓尔不凡的领导能力与永载史册的辉煌业绩。

我的一位好友、著名女性传记作家赵凤翔教授曾说："女人要写女人。"这给了我很大启发——女校长要研究女校长。追溯大学女校长成长、成才、成功的道路，总结女性领导力的形成规律和独特优势，开展大学女校长及女性领导力研究，出版相关研究成果，就成为"世界大学女校长论坛"活动的自然延伸。

2010年，我们筹划设立了"完善中国现代大学制度视域中世界女子高等教育及大学女校长研究"课题，组织来自中国传媒大学等单位80余人的研究团队，选定34个国家80余位大学女校长，进行个案研究和群像描绘；对23个国家的女子大学进行历史梳理与全面考察。2011年，这一课题获得教育部人文社科重大委托项目立项；2013年，由该课题主要研究成果结集而成的"世界大学女校长·女子大学"丛书，获得国家出版基金资助。

这套丛书由四个系列组成，具有三个鲜明特点。四个系列：女子高等教育系列、中外大学女校长个案研究系列、女校长群体研究系列和"世界大学女校长论坛"图文集锦系列。三个特点：一是全景式描述。丛书对世界范围内大学女校长及女子高等教育，首次进行比较全面的观照和挖掘。女校长研究既有共性的揭示与比较，又有个性的剖析与呈现；女子高等教育研究既有全球视野的巡礼，又有具体国别的探究。二是人物传记式的写作方法。丛书以访谈当事人、发掘第一手资料为基础，研究和写作的过程力求再现传主的人生轨迹、突出其办学理念和治校业绩。三是可读性强。传主的真知和作者的匠心历历可见，读者能够在图文并茂中感受到智慧和灵感的融会。

这套丛书是对女性通过教育追求真善美、通过自身努力彰显智仁勇的真实颂扬。著名女作家冰心曾说：这个世界如果没有女人，就会失去十分之五的真、十分之六的善、十分之七的美。女性不仅是真善美的化身，也应是智仁勇的写照。阅读这套丛书，我们可以了解到，女性如何通过交流互鉴，凝聚智慧、取得共识；体认困境，直面现实、自立自强；付诸行动，同心同力、坚持不懈。

这套丛书是对“女性是改造世界的温柔力量”的生动诠释。置身于男性居主导地位的社会管理体系中，女性要取得成功，需要充分展现女性特质，发挥女性优势，要以女性特有的视角观察、思考、解决问题。阅读这套丛书，我们可以看到女校长们如何在战略决策上，高瞻远瞩，运筹帷幄，引领未来；在具体工作中，体贴入微、心系师生，用愿景激励师生，用行动示范师生，用厚德包容之心协理校务；在领导风格上，追求完美和精致，重视以人为本，在管理中实现个人的发展与事业发展的契合。

这套丛书是对高等教育及大学女校长社会价值的全面展示。众所周知，高等教育是形塑社会结构及价值体系的重要载体，大学校长是具有社会象征、示范和引导意义的特殊群体。女性接受高等教育、女性担任大学校长，在改变高等教育生态的同时，也在潜移默化地影响着社会结构变迁、家庭角色分工、社会责任担当、时代价值导向。阅读这套丛书，我们可以看到女子高等教育和大学女校长的发展历程，正是社会不断进步、两性趋于平等的见证，而她们成长的艰辛和不易，也呼吁现代社会迈向更加平等、公正、和谐的完善之路。

丛书已然油墨飘香，感激的话语也充溢心头。感谢江苏中外大学女校长教育发展基金会为项目提供启动经费，感谢教育部将此课题列为人文社科重大委托项目，感谢国家新闻出版广电总局提供国家出版基金资助。特别感谢十一届全国人大常委会副委员长、第十届全国妇联主席陈至立女士担任项目和丛书的总顾问，并欣然作序。

感谢这套丛书的传主、作者和编审们。他们在繁忙的本职工作之余见缝插针，千方百计，保证了任务圆满完成。传主们倾力支持、积极配合；作者们夜以继日，数易其稿；编审们孜孜不倦，精益求精。这种认真负责的精神，令人感叹。课题跨越四载，屡遭挫折，历尽艰辛，常常使我们困扰于“山重水复疑无路”，而殚精竭虑之后的新意迭出，又使我们惊喜于“柳暗花明又一村”。我相信，不久的将来，作者之中定会有著名的传记作家、女性研究专家脱颖而出。

感谢中国传媒大学文科科研处、出版社，为项目的完成和丛书的出版提供了有力保障。丛书煌煌五十本，从策划、组织、申报、撰写到编辑、装帧，学校教师及出版社职工都是主力军，都是可靠、堪用、高效的突击队。如今项目和丛书按期完成、保质保量出版，我要向他们衷心致谢！

任何一项事业，都是“一人启其端，百人扬其华”。我只是一个组织者、牵线者，项目得以完结、丛书得以问世，应归功于各位热心的支持者、参与者。让每一位年轻的女性都能自由地筑梦、勇敢地追梦、幸福地圆梦，是我最乐意为之奔忙的事业。我们期待，有更多的有识之士能参与到这一有意义的工作中来。

刘继南

2014年7月于北京

玛利亚·埃莱娜·纳扎雷

葡萄牙著名教育家，固体物理学博士，欧洲大学协会（EUA）主席。曾任葡萄牙阿威罗大学副校长、校长，欧洲大学协会大学评估项目指导委员会主席。葡萄牙科学技术改革高级理事会成员。

Maria Helena Nazaré, Dr. in Solid State Physics and a well-known educator in Portugal, is the Chair of European University Association (EUA). She was formerly the rector of University of Aveiro and the Chair of Evaluation Committee of EUA, and meanwhile the Senior Council Member of Portuguese Council of Science and Technology Innovation.

# 目　录

# 第一章　远　航

## 三岁时的埃莱娜

欧洲大陆西南端，伊比利亚半岛从地中海伸向大西洋。

从地图上看，它像关口一样卡在地中海与茫茫大西洋之间，中间隔着狭小的直布罗陀海峡。因为远离欧洲诸国，伊比利亚半岛看上去有点儿与世隔绝，甚至有点孤独。

在这个偏僻的半岛上，12世纪，一个天主教小国诞生了。

这个叫作葡萄牙的国家表现出强烈的民族意识，使它的邻居西班牙感到了威胁。而人类历史的新纪元，就在这两个国家的航海竞争中悄悄地拉开了序幕。一场源于伊比利亚半岛的对海洋的探索和殖民扩张，将世界历史带入了一个前所未有的新局面，一场席卷

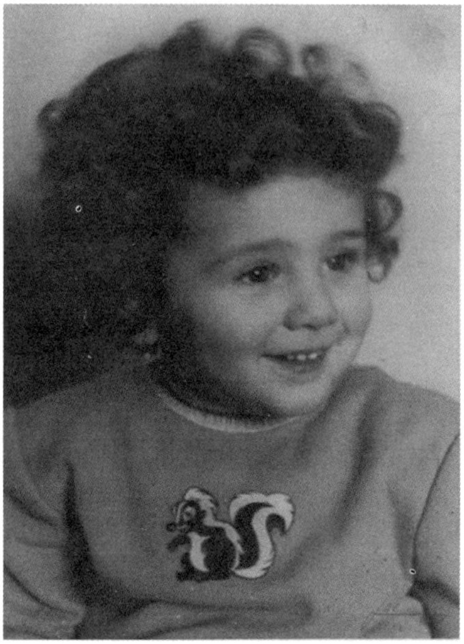
三岁时的埃莱娜

全世界的风暴正在来临。

贫瘠的土地、临海的地理环境，促使这个天主教小国率先踏上了探索海洋的征程，宣告了人类大航海时代的到来。这种行为迅速发展，并在16世纪上半叶达到鼎盛时期，葡萄牙人的足迹遍布世界。然而，在战争中积累起来的财富并没有投入到工业发展中，于是，第一场大戏的帷幕就此落下。

辉煌的航海大发现使葡萄牙成为第一个崛起的世界大国。一个金色的浑天仪，成了这个国家国徽的主要形象。

16世纪葡萄牙伟大诗人卡蒙斯曾豪情万丈地形容自己的国家——“陆止于此，海始于斯”。

不管你愿不愿意承认，对海洋的探索，从这一刻开始，影响了一代又一代葡萄牙人的命运。这个国家凭此崛起，臻至绝顶，一览众山小，而后衰落。

这在后世看来，实在叫人慨叹不已。

## 开往马普托的船

1949年8月。

夏末秋初，里斯本沐浴在南欧灿烂的阳光下。

这个位于葡萄牙西部的城市北靠辛特拉（Sintra）山，南临特茹河（Rio Tejo），距离大西洋不到12公里，是欧洲大陆最西端的城市。受大西洋暖流的影响，这个城市一年中大部分时间温暖如春，植物四季常青。

里斯本全城分布在七座郁郁葱葱的小山丘上，特茹河流经城南入海，河口宽阔，一片汪洋，阳光普照，波光粼粼。

这个城市已经在历史的洪流中存在两千年了。

自新石器时代起，里斯本地区已经有伊比利亚人居住。公元前205年起被罗马人统治了里斯本地区，恺撒把这个地区升格为市，并命名为“Felicitas Julia”（意为“祝贺恺撒”）。公元5世纪起，这个地区相继被蛮族占领，8世纪被摩尔人夺取。信奉伊斯兰教的摩尔人除了在市内兴建了很多清真寺外，还新建了很多房屋和城墙。在他们的统治下，城市发展迅速，市内住着信奉不同宗教的人，如基督徒、穆斯林和犹太人。

里斯本呈方格状布局，保持着古老城市的风格。圣若热城堡（Castelo de São Jorge）、贝伦宫（Palácio de Belém）古朴幽雅，雄伟壮观；城外的圣文生修道院（Mosteiro de São Vicente de Fora）建筑精美，遐迩闻名；大大小小的巴洛克式房屋同现代化建筑群交相排列，彼此辉映；秀丽的公园，宽阔的广场，别致的纪念碑、纪念塔遍布全城。许多马路用黑白石子铺成各式美丽的图案，别有一番情趣。街头巷尾，处处飞鸟啼鸣，鲜花吐香，花园水池中，天鹅在轻轻游荡，富有诗情画意。

这一切，对刚刚出生的玛利亚·埃莱娜·纳扎雷（以下简称“埃莱娜”）来说，几乎还都是一片模糊的颜色。即便出生于此，她的童年也不属于这座有着两千年历史的城市。

在埃莱娜三岁那年，她就跟随父母踏上了远洋的路程，将这个美丽的城市留在了爸爸妈妈的故事里。在埃莱娜的记忆里，这座城市对于她而言，只剩下妈妈那条黑色花点的白裙子。

在她幼年的记忆中，她只隐约记得，母亲曾穿过一件有黑色花点的白裙子，她不知道母亲是不是为了出席一个隆重的聚会才穿它，但在她眼里，这个美丽的瞬间，就像空中划过的一串焰火，成为她人生中第一个绚烂的记忆。

埃莱娜那时还不知道，拥有如此深刻的印象，是因为她第一次发现惊人的美。这种美，在当时的埃莱娜看来，是如此记忆深刻，以至于直到60年后，当她复述起来时，仍是如此生动。她就像一下子被拉回到了60年前的里斯本。

而那一秒钟母亲的形象，也深深印入了埃莱娜的脑海，成为她关于那个时代极其珍贵的回忆：一件有黑色花点的白裙子。

埃莱娜的父亲马里奥①是一名电厂工程师，她的母亲②是家庭主妇。女儿的出生无疑给这个家庭带来了无尽的欢乐。然而，这种欢乐没有持续太长时间，全家的生活就开始和“国家命运”联系在

① 全名马里奥·迪亚斯·费尔南德斯·纳扎雷(Mário Dias Fernandes Nazaré)。

② 全名玛利亚·克里斯蒂娜·瓦斯·德卡瓦略·费尔南德斯·纳扎雷(Maria Cristina Vaz de Carvalho Fernandes Nazaré)。

了一起。而埃莱娜的一生，也被牵绊进这股历史的潮流里。

1951年，葡萄牙政府将莫桑比克改为“海外省”。和当时大多数其他殖民地政权不同的是，莫桑比克殖民地政权宣布永远抵制非殖民化。为响应这一声明，当时的殖民主义者在首都洛伦索—马贵斯（Lourenço Marques）市政大厅外的大道上以黑白相间的纹饰镶刻上了葡萄牙语短句——“这里就是葡萄牙”。为了顺应当时南部非洲白人种族主义政权的政策，葡萄牙莫桑比克政权也按照种族界限实施了种族隔离政策。严格的评定标准只能保证不到1%的非洲人得以成为完全合格的莫桑比克公民。

葡萄牙政府利用莫桑比克廉价劳工的优势，鼓励国内农民移民莫桑比克。从葡萄牙移居莫桑比克的人可以获得土地、现金补贴、牲畜、低息贷款和大量的技术援助。在莫桑比克居住的白人（以葡萄牙人为主）从1930年的1.7万人增加到1950年的4.5万人。[①]

萨拉查政府的劳工政策，再加上世界农业市场的急速扩大，促进了莫桑比克种植园经济的复苏和发展。主要位于中部和南部的甘蔗、剑麻、椰子种植园蒸蒸日上，葡萄牙移民和外资开发的茶园以赞比西亚省(Prov í ncia de Zambezia)古鲁埃(Guru é)地区为中心迅速发展起来。

葡萄牙政府对莫桑比克实施的教育政策是，可以让极少数的“归化”人口和忠于殖民地统治的人口接受初等教育以上的较高水平的教育，一方面让这些非洲人作为葡萄牙文化的招牌，另一方面，让他们掌握最基本的读写技能以便更有效地充当文书、低级管理

---

① R.S.James, *Mozambique*, Chelsea House Publishers,1999, p.46.

者、产业工人和技工。

长期推行殖民地经济政策的结果是莫桑比克形成了典型的殖民地经济。农业是建立在小规模农业生产和为数不多的一些大型农业种植园基础之上的。全国工业基础非常薄弱，工业品主要靠进口，整个国民经济严重依赖南非和葡萄牙。工业企业、商业农场以及主要机构都由葡萄牙人运作，甚至连这些机构运转所需要的技术工人、半技术工人都是葡萄牙人。

对于普通葡萄牙人而言，莫桑比克除了环境之外并没有太多不一样。1951年，小埃莱娜的父亲，这位勤勤勉勉在里斯本电厂工作的年轻工程师马里奥，收到一家公司的邀请，他们热情地邀请他远赴莫桑比克一家电力公司工作。

马里奥欣然接受了这一邀请。

此时，马里奥年轻的妻子正忙于抚育刚刚蹒跚学步的小埃莱娜，几乎就在赴莫桑比克的邀请函到来的同时，她怀上了他们的第二个孩子。她还没来得及与丈夫分享即将收获第二个生命的喜悦，马里奥就带着来自莫桑比克的信函敲开了家门。

经过慎重商讨后，一家改变计划，年轻的父亲马里奥独自一人踏上了远赴莫桑比克的旅途。

和当时大多数年轻人一样，他们并不十分清楚，这次起程对他们的人生意味着怎样的一种改变；他们也不曾想过什么时候会回到葡萄牙，因为对于他们来说，远航，是葡萄牙人与生俱来的使命，如同他们的祖祖辈辈，“陆止于此，海始于斯”，远航是他们血液里的宿命和永远的归途。

这只是开始，他也并不孤独。

港口，无数和马里奥一样的葡萄牙年轻人都踏上了通往远方的路途。他们与各自的家人分别，然后在里斯本夏末初秋的阳光里登上船只。这些船将载着他们从里斯本出发，经过海上关隘直布罗陀海峡，穿越地中海、突尼斯海峡，最终到达遥远的非洲莫桑比克。

一年之后，追随父亲，三岁的埃莱娜和母亲、姥姥一起，也登船上路。

## 记忆的碎片

1952年，莫桑比克。

那一天天气不错。

年轻的马里奥混在迎接的人群中，在马普托港口急切地在到达的人流中寻找。他站在码头上拼命张望，像站在船头向故乡眺望的水手。

另一头，疲惫而兴奋的夫人带着随身的箱子随着熙熙攘攘的人流下了船。在她旁边，姥姥推着的婴儿车里，坐着三的埃莱娜。

事隔多年，当已经不复年轻的埃莱娜回忆起那一日的情景时，她说："那是一个阳光明媚的日子，我坐在婴儿车里，姥姥推着我离开轮船，穿过城市，我想我是在路上看到了城市的繁忙景象。"

埃莱娜，告别了她的黑点白裙子记忆和里斯本，到达了将在她人生中扮演了极其重要角色的莫桑比克。

那时候，莫桑比克的首都还不叫马普托，全称是"洛伦索—马贵斯"，这个略显拗口的名字是以它所在海湾的发现者命名的。那时候，洛伦索—马贵斯和其他葡属殖民地城市一样，是座充满地中海风情的小城，它靠近南非，是德兰士瓦南非人海滨度假的首选地。葡萄牙人喜欢这里的煤、棉花、糖、铬、剑麻、椰干及硬木，而令这里驰名世界的，是当地盛产的腰果。街道旁有成排高大的、开满黄花的腰果树。

20世纪50年代的莫桑比克是混乱和不稳定的。

工业仅限于城市，而且是最简单的原材料加工工业。除教会支持的医院与学校外，也没有像样的医疗与教育机构。对于当时的世界，莫桑比克的最大作用是把津巴布韦和南非内陆与印度洋的出海口连接起来。那时莫桑比克已有铁路，可这条铁路不是纵贯南北，而是横贯东西；北边的一条铁路从纳卡拉（Nacala）①向西修到尼亚萨兰湖附近，沟通尼亚萨兰②；中间的一条从贝拉（Beira）③向西修到罗德西亚，一直通往索尔斯伯里，还有一条通向太特（Tete）④矿区和尼亚萨兰的支线；南边的一条铁路则通向津巴布韦的布拉瓦约，并与德兰士瓦的铁路网相连。

但这一切对埃莱娜来说并不重要，在她的眼中，这是一段难忘的愉快记忆。这种愉快的日子，在她到达马普托，走下甲板，迎接莫桑比克阳光的第一天，就已经开始了。

就在他们到达马普托时，父亲马里奥已经在洛伦索—马贵斯工作半年时间了。他们把家安顿在城里，像每个新婚燕尔的家庭

---

① 位于莫桑比克北部海岸，是莫桑比克的第三大港口，也是非洲东岸最好的天然深水港。

② 英国将原先的英属中非保护地于1907年改名而成立的保护地，其范围即今天的马拉维共和国。

③ 位于莫桑比克中部莫桑比克海峡沿岸的一座城市，也是该国第二大城市和索法拉省的首府。

④ 位于莫桑比克西部的一座内陆城市。

一样，布置自己在异乡的家。他们热烈地讨论着应该选用怎样的家具，同时就非洲特有的调料进行了探讨。

而我们的埃莱娜，就在旁边瞪着大眼睛看着她的家人们，听他们谈论着一切。

大概在她的眼里，所谓幸福，就是这样吧。

在此之后不久，母亲也找到了一份在保险公司的工作。那个年代的远航成为很多葡萄牙人的记忆，而且人数极为庞大。大量的葡萄牙人远涉重洋来到非洲，还有一批人远赴中国澳门。他们赶上了一个世界飞快变化的时代，越来越多的远洋生意人在大西洋、太平洋穿行，漂流在海洋和大陆之间。保险公司的业务量变得非常之大。

就是在这样波澜壮阔的大时代背景下，一家人的生活风平浪静。埃莱娜就在每个等待父母归家的傍晚中长大，而外祖母守在旁边，一老一少，迎着夕阳守候。

埃莱娜父母合影

埃莱娜就这样度过了她无忧无虑的童年。

在那段回忆里，让埃莱娜印象深刻的，是当时她在居住的寓所附近四处游荡，而姥姥总陪在身边。马普托的一草一木，一石一沙，对她来讲，一切都充满着丰富的色彩。在这座慵懒的南非小城里，一点一滴的记忆构成了埃莱娜无比怀念的童年：冬日的太阳，春天的树木，夏天的艳阳，秋日的午后……多年后埃莱娜回忆道："阳光透过树叶照进房间，姥姥不时地过来拥抱我一下或塞给我一块糖。"

埃莱娜童年时期，比尔·盖茨和乔布斯都还没有出生。在遥远的东方，一个新的共和国在有条不紊地发展着。在美国，由杜鲁门总统拉起的"铁幕"已经降落，世界被壁垒分裂成两端并被简单粗暴地冠上了各自的名字。在更远一点的未来，苏维埃和美国开始进行疯狂的军备竞赛，长长的边境线驻扎着无数的年轻人，一个小小的朝鲜半岛分裂成南北两块，日本海峡旁的土地正百废待兴。世界的巨大变化却丝毫没有影响到埃莱娜欢乐的童年时光。

世界像是温柔地把她裹在糖衣里——这是件奇妙的事情，与她密不可分的世界每一秒都在发生翻天覆地的变化，而她，却在马普托秋日的阳光里缓缓地长大，观察着身边的一草一木，健康成长。

但埃莱娜也并不是毫无烦恼，对她而言，最大的烦恼，来自于她的姥姥。

埃莱娜经常想悄悄地跑出姥姥的视野，但这种努力经常以失败而告终。每次她都被以各种手段重新被带回到监视范围——这当然不是坏事，可是对那时的她而言，这无异于被剥夺了自由观察这世间的权利。如同猫抓老鼠，一个逃一个抓，这样的状况让埃莱娜很泄气。

这样的境况最后被终结了。

时至今日，埃莱娜已经没法再说清到底是通过怎样一种机缘，她才获得了一次自由观察世界的机会。或许对她而言——怎样获得的已不太重要，重要的是，她得到了，得到了那个想要自由自在看一草一木、一沙一石的世界的机会。

一个孩子对庞大的世界充满了尊重和好奇。

那一天埃莱娜最终摆脱了她姥姥的束缚：她试探着坐在了马路牙子上，歪了歪头。

她静静地坐着看，看着路过的车辆和行人，看着那些老式汽车上端坐的人，有情侣，有父母，有绅士和女士，有耄耋老人，也有如她般的小朋友……她看着一对情侣相拥，一对兄弟在秋千旁嬉戏，看着一对双胞胎在游戏，又看见一位年轻的父亲正教着儿子挥出人生的第一拍网球……浮生万物，无穷无尽的生活景象，第一次如此自由地进入埃莱娜的脑海里。

如同一只尚在茧中的蝴蝶，埃莱娜试探着，想要把脚伸出去。准确地说，是去触摸，去感受这世间的节奏——爱人间的节奏、兄弟间的节奏、家人间的节奏。这一切打动着埃莱娜的内心，轻轻地，一次，再一次，像脉搏，像心跳，像这世界对她好奇的回应。

即便在如今的埃莱娜看来，那种感觉依然极为生动，因为那是她第一次与世界亲密接触。

更重要的是，这世界在回应她。

我们无从知道这个举动到底对她影响有多大，以至于让她在60多岁时回忆起童年，第一时间就想起这件事。而我们能够得知的是，这个充满童趣的、认真的冒险，很快地就被附近的邻居发现。邻居大惊失色，而后非常认真地把姥姥叫来，他们要姥姥去告诉埃莱娜，这是很危险的，这世界远远比埃莱娜想象得更残酷。

埃莱娜与世界第一次亲密的接触由此告终。但这对她来说已经足够了，如同从万花筒看见的世界一般动人、斑驳，最终构成她生命中不可或缺的一部分。

这些碎片像是散落在沙滩上的珍珠，让人偶尔拾起，便爱不释手。这些记忆的碎片如同教堂的窗户，有着斑驳、艳丽而又神秘的色彩。记忆中各种肤色、各种打扮来往的人群、雷鸣般的嘈杂声完全交织在一起，犹如黑白电影场景一直保存在埃莱娜的脑海里。

而这，也将成为埃莱娜永远的回忆，与无数葡萄牙人的记忆一起，构建出独属于那个时代的马普托。那个独一无二的60年前，洛伦索—马贵斯到处都充满着活力与生机。每天港口里都迎来新鲜的海鲜，当地人正努力学习着葡萄牙语，而葡萄牙人，也正成为洛伦斯—马贵斯的一部分。

时间流逝，叶落知秋，距离她首次踏上这座在南非的港口城市已经一年了。

在埃莱娜四岁的时候，父亲把她送到马普托的一所学校里，开始上学前班。这是一所葡萄牙人创办的教会学校，学校很大，有宽阔的田径场。在这之后的几年里，埃莱娜一直在这里上完了小学和初中。

也是在同一年，埃莱娜的妹妹出生了，父亲为她取名安娜·克里斯蒂娜（Ana Cristina）。这对全家人而言都是一个莫大的喜讯，而在埃莱娜眼里，却又有着不一样的意义：姥姥终于不再只把注意力放在自己身上，无论如何，这都算得上一件好事情。

看着襁褓里的妹妹，埃莱娜这样想道。

父亲和母亲工作很忙碌，但他们每天都会回家，和家人一起共进晚餐。有时他们会对镇里的某根破了第三回的水管进行讨论，偶尔他们也会忧心忡忡地谈论起葡萄牙的未来。那些国际政治风波在埃莱娜看来十分无趣，仿佛应该存在于另一个维度。她只是迫不及待地想告诉父母，邻居家的小狗又生了崽子，昨天一场大雨把花儿都浇得蔫了，这时，爸爸妈妈就会停下他们的话题把头转向埃莱娜，微笑着听他们的女儿认真地讲她的见闻。

就是在这样的光景里，埃莱娜每天都能和她的父亲母亲、妹妹、姥姥在一起，时间像是被凝固在那间小小的饭厅里，饭菜的味道、掌心的温热、语气里的停顿，林林总总，包围了埃莱娜。她这样回忆道："我们有很多的时间交谈，我为此很感激我的家庭。"

父亲和母亲的感情非常好。多年后年逾60的埃莱娜回忆起那段上学的时光，我们都能从她的眼睛里看到孩童般的幸福与满足，她像是整个人都年轻了起来，眼睛里发出一种特有的光芒，她微笑着，抚摸着自己，就像抚摸着一段过去的岁月。

她说："那段生活特别美好。"

大约在每天早上的7点半，全家人会一起吃早餐，然后开始各自新的一天。学校离家半小时车程，父亲马里奥总是先开车把埃莱娜送到学校后，再回家送母亲上班。一家三口每天行走在同一条路上，在校门口分别，再聚，已经成为习惯。

在周末空闲的时候，一家人会一起去游泳、骑马。外面的世界在急速变化，而在莫桑比克此处，他们一家人尽情享受着天伦之乐。他们通常会选择在晴好的天气里出门，哼着歌儿。父亲喜欢柔道，那种利落的打击感以及精准到寸的出拳让他能够更好地控制自己。而埃莱娜则更喜欢去海边散步，那是让她每周都特别期待的事情，就连她自己也说不清为什么。她赤着脚走在那片金黄色的海滩上，海洋的远处是她不可知的彼岸，那里生活着另一些她无从想象的人们，不知是否也会有小女孩站在海滩上，向这头眺望。退潮之后，海边会出现宽四五米的沙滩，金黄色的沙滩中点缀着狭长的池塘，池塘的水映着蓝天白云，而再仔细看去，池塘里面虾游蟹走，这是孩子们打发时间的天堂。

如果说这是自然对埃莱娜的影响，那么她年轻的父亲，给童年时期的埃莱娜留下的最深刻印象则是责任和慈爱。

即使是在首都马普托，普通民众的生活都是非常困难的。即便是那些从葡萄牙迁移到此、勤奋工作且略有积蓄的人，要过上体面的生活也并不轻松。他们生活在刀刃上，担心一旦冲突升级，或者海上贸易路途中断，甚至是稍有松懈，或是手头稍有放松，就可能债台高筑，陷贫困的深渊。朝不保夕的生活往往使那些原本怀着最好的希望的人们变得冷漠，对人缺乏宽容。

每个时代都是最好的时代，也是最坏的时代，好好坏坏，林林总总，在每个人眼里，都不尽相同。

而就是在这样的背景下，埃莱娜在她宽容的父母身上，开始认识这个社会。

让埃莱娜印象深刻的是，父亲曾经与一位朋友讨论一个“浪子”——这个“浪子”将他父母的积蓄挥霍殆尽，身无分文，带着年轻的妻子和年幼的孩子，艰难回头，只是再没有人等他，他回到父母家，像只落魄的流浪狗，而在他身后，妻子儿女，无依无靠。

这并不是那个时代的个例。

埃莱娜记得很清楚，当时父亲那位朋友的观点相当清楚，他说："那个孩子不好，永远也不会变好，应该把他赶出家门。"

而父亲说："儿子就是儿子，当他上门求援时，应该用家庭全部的爱和温暖来欢迎他。即使天塌下来，人总得有家可归。"

这样的一句话，深深地刻在了埃莱娜的脑海中。这一直影响着她，而她的父亲不知道，她自己也不知道，在不久的将来，她会踏上回国的路途，在那片并不富足但曾经辉煌一时的国度里，开展她的教育事业。

很难准确地说，这跟她的父亲有多少关系，但唯一可以肯定的是，从此，善良的种子就栽种在了埃莱娜的心灵里，等待着发芽。

在埃莱娜的印象中，父亲给她最重要的影响，除了慈善和责任，还有非常重要的一点，就是从很小的时候，父亲就在不同的场合反复、认真地强调学习的重要性。

这在当时并不平常，那时的人们并不认为读书有多么重要。在莫桑比克，更是遍地都是文盲。可在现在看来，埃莱娜的父亲的想法无疑是非常正确并且具有远见的，这种超前的眼界让埃莱娜直接受益。虽然埃莱娜不知道什么原因，但是父母会在很多场合，用各种方法告诉她要好好学习，将来考一个好大学。

"这对我来说太重要了，要知道，当时在欧洲，女人是不学习的。"

埃莱娜至今都对父母的开明感到异常的幸运与感激。而父亲的另一句话对童年的埃莱娜也隐隐约约产生了一些不一样的触动——她清晰地记得，父亲在和朋友谈论什么问题的时候说，“可以预见，女性会跟男性有同样的生活”。

我们永远不知道，蝴蝶哪一次挥翅会在大洋彼岸引发龙卷风，犹如我们永远不知道，影响人一辈子的种子，会在哪一秒钟被种下。埃莱娜也不知道。

## 马普托的学校

在埃莱娜正式开始上学前，她的父母已经教埃莱娜学会了简单的阅读。由于父母的教育和影响，埃莱娜很小就很爱学习，她对那段时间的生活至今仍然历历在目。

世界和父母亲都用不同的方式影响着埃莱娜，这对她而言，实在是相当幸运。

在她四年的小学生活中，数学、历史和物理是小埃莱娜最喜欢上的课。在那个年代，几乎和所有孩子一样，埃莱娜对这些学科的喜爱，更大一部分原因是源于对老师的喜爱。学校的老师是教会的修女，她们慈爱、善良。但比这更为重要的是，老师开始给孩子们呈现一个完全不一样的世界。

这个世界，和马路牙子上观察到的世界、姥姥故事里的世界，以及父亲所叙说的世界，都不太一样。

很快，在学校老师和父母的引导下，求知欲旺盛的埃莱娜喜欢上了阅读。在家里，父亲母亲有很多书，家的附近还有个图书馆，埃莱娜的生活开始改变，一有空闲，她就像只小猫一样猫在父亲房里，开始在父亲的书架上寻找她喜欢的读物，或者干脆喝一杯冰水，在图书馆度过一段午后的惬意时光。

书页凉爽，书香扑鼻，无论在触觉上、视觉上还是心灵上，都让小埃莱娜无比享受。

埃莱娜喜欢看小说，喜欢读历史，在小说中，最爱的是《鲁滨孙漂流记》，这是个值得玩味的故事。她尤其喜欢古代文明，诗歌、小说和历史读物把埃莱娜带入一个更宽广的世界。书本里的世界没有现实世界那样通透、真实，却富有灵气、包罗万象。在书里，她可以看到所有她想知道的或是她不曾知道的事情。如果说在21世纪的开头，Imax版3D《阿凡达》成为小朋友们极为珍贵的童年观影记忆，那么在那个好莱坞尚未横扫世界的年代里，诗歌和小说就扮演了这样的角色：一页页的书稿，向埃莱娜展示了马普托以外的生活梦幻。

一个有别于此前的、包罗万象的世界展现在小埃莱娜面前。

而更难得的是，埃莱娜对小说和历史的兴趣一直保持到现在——她的平板电脑阅读栏中存放最多的依然还是有关古代文明、人类历史的各类书籍和文学作品。

在那个时候，埃莱娜已经接触到了葡萄牙著名诗人和小说家费尔南多·佩索阿（Fernando Pessoa）的作品。

这短暂的接触，使埃莱娜开始对自己出生的国度——葡萄牙有了更多的认知。费尔南多·佩索阿生活的年代是葡萄牙极为衰败的时期，因此他不可能像16世纪葡萄牙伟大诗人卡蒙斯那样，以一首壮丽的史诗《卢济塔尼亚人之歌》，放声颂扬葡萄牙人撼动世界的“航海大发现”。恰恰相反，正因为他心中深深地烙印着葡萄牙黄金时代的那幅恢宏的图景，反而更加衬托出历史与现实的巨大反差，使他对现实感到强烈的不满。

曾经的辉煌到如今的颓败，散落在全世界的异乡人，大概都难以不产生共鸣。

尽管在当时，年幼的埃莱娜尚不能完全理解这其中的意义。在她的世界里，更吸引她的还是马普托的阳光、马路对面的情侣，星期五、鲁滨逊和阿里巴巴，而那些千年累积起来的复杂情感，还离我们的小女孩太远。即便这样，在那时，埃莱娜的阅读范围比班上的多数同学要宽泛得多。这最大的功臣，无疑是父亲的影响。

与此同时，父母相当关心埃莱娜的学习。要求她作业必须按时完成，为此，甚至星期天晚上也得做作业。父亲马里奥也非常喜欢阅读，当他们一同沉浸在文字的世界里时，彼此再无高低长幼之分，如同老朋友一样，他们经常讨论在学校读过的东西，从天文到地理，从中古骑士史到工业大革命。

这一切都成就了后来的埃莱娜。

然而，在学业上对埃莱娜影响最大的却是一位物理老师。

虽然她已经不记得老师的名字，但是，当我们在60年后问起埃莱娜时，她的眼睛里一下子放出了光芒，像是被打开了一扇窗。埃莱娜摸着自己的皱纹，像在抚摸那段岁月。

她说："她教得非常好，那是一个很具挑战性的课程，但我非常喜欢它。"

这时期，通过书籍和老师激发出来的兴趣使埃莱娜最终选择了专修物理。与此同时，新闻上偶尔传来物理、化学领域的突破——原子裂变、塑料研发应用，这些报道潜移默化地激发了埃莱娜对自然科学的爱好。她突然有一种强烈的意识——一个崭新的科学世界正在展现，而自己想要成为其中的一员。

就在这些日子里，她突然强烈地明白了一件事：终究有一天，她必须自己谋生。而此时，面对这个崭新的科学世界，她忽然看到了一种此前从未幻想过的可能性：从事自然科学。

这将会是一条激动人心的道路。

## 回 家

时间来到了20世纪50年代末60年代初，全世界都在急剧变化。

美国和苏联投入新一轮军备竞赛；中国刚刚结束了大炼钢铁运动；日本在美国的扶持下快速起飞，成为美国在东亚的哨所；朝鲜分裂已成定局，那时半岛上的人们还不知道，这一隔绝，便是半个多世纪。

莫桑比克的局势也开始变得更加动荡。流亡在国外的莫桑比克侨民相继成立了一些民族解放组织。与此前的解放组织不一样，这次似乎不是小打小闹的级别。到了1961年6月，莫桑比克—马孔德人联盟①的支持者在莫桑比克东北部葡萄牙官员驻地姆埃达举行和平请愿，请愿者们要求改革强制性种植制度，但葡萄牙官员命令军队向请愿人群开枪，500多人当场身亡。这一事件震惊了北方的莫桑比克民众。

一场风暴正在酝酿，莫桑比克的民族解放运动很快到来。

---

① 马孔德人，居住在莫桑比克东北部和坦桑尼亚东南部，即鲁伍马河流域。

1962年，莫桑比克人的三个影响较大的主要流亡组织——莫桑比克全国民主联盟、莫桑比克—马孔德人联盟和争取莫桑比克独立非洲人联盟——为了相互建立信任和加强合作，在坦桑尼亚总统尼雷尔的邀请下，都把总部迁到了达累斯萨拉姆[①]。在那里，这三个流亡组织于1962年6月25日合并组成了莫桑比克解放阵线，简称“莫解阵”。“莫解阵”开始团结和统一协调国内各地反殖民主义的力量，并于1962年9月举行了第一次全国代表大会，宣布可以使用一切手段争取民族独立，直到葡萄牙同意谈判独立问题。1964年9月25日，以坦桑尼亚为基地的“莫解阵”在当地人的支援下，进攻并摧毁了葡萄牙殖民者在德尔加杜角省（Prov ínc ia de Cabo Delgado）沙伊镇的行政点，蒙德拉纳[②]领导的争取民族解放的武装斗争正式打响。“莫解阵”游击队利用游击战术发动丛林战摧毁了通信和铁路交通线，逐渐开始控制越来越多的国土。

历史的车轮向前滚动，带起的灰尘将会溅到每个站在它身旁的人身上。

葡萄牙人和当地黑人的关系开始变得空前紧张。

黑人们警惕地看着与他们肤色全然不一样的异乡人，而这群异乡人也以同样警惕的目光看着他们，双方就像被一面看不见的墙隔绝起来。

箭在弦上，一触即发，每个人都心照不宣。

这种忧心忡忡的思虑，蔓延到每个家庭，其中就包括了埃莱娜

---

① 坦桑尼亚最大的城市、旧都，与同名省份的首府，堪称是坦桑尼亚的经济首都。

② 蒙德拉纳（Eduardo Chivambo Mondlane），1920年6月20日——1969年2月3日，莫桑比克解放阵线的创始人之一和首任主席。

一家。

那时的小埃莱娜虽还不能完全理解这种冲突，但她开始了自己的观察和思考。越是思考，越是不解，越是不解，便越要思考。年幼的埃莱娜提出了对这世界的第一个问题。

埃莱娜频繁地询问父亲：人们为什么会有冲突？为什么不能像她一直以来看到的那样友爱地相处？这问题就像是一根锋利的刺，在射向父亲的同时，也代表着一个幼小生命对世界的探索。多年后谈起这一话题，埃莱娜说，在一个孩子的眼里，战争很难分清对错，我们所知道的是，莫桑比克的人们虽然生活艰难，但是他们的价值观是由全体居民而不是政府铸造的。

16岁时的埃莱娜，摄于马普托。

与此同时，埃莱娜也强烈地感受到，即使像德国这样一个笃信基督教教义、富有文化传统的发达国家也能够沦落到希特勒的手中。这让她深深地意识到，不该把文明看作自然而然的东西而不予重视。它必须不断培育，也就是说正直的人们必须维护他们的信念。

就是从那时起，埃莱娜隐约地开始感觉到，教育是一件多么重要的事情。

父亲显然没有想要在埃莱娜当时的年龄讨论这些深刻的命题——这种事情对一个少女而言，无疑还是太沉重。对生活的担忧和长期以来对子女教育的要求，使马里奥作出了一个非常重要的决定——让16岁的埃莱娜回葡萄牙上大学。

“父亲很想让我回去，我自己也想回去，我知道总有这么一天。”多年后的埃莱娜回忆道。

# 第二章 源 泉

1966年。

世界的各种组织都在按照自己的逻辑运转。

1月，一个在之后数十年内风靡世界的英雄奥特曼在日本诞生。也是在1月，中国政府指出，实行计划生育是一件极为重要的大事。

6月，美国无人驾驶飞船“观察者”号在月球成功登陆，同时向地球发回大量月球表面照片。

而在这一年，最令葡萄牙人兴奋的，无疑是绿茵场上的足球。

时至今日，这场半个世纪前的世界杯，关于它的记忆，依然遍布报纸杂志和互联网。值得一提的是，朝鲜是该届唯一一支进入决赛阶段的亚洲球队。因为大会只安排一个名额给亚洲、大洋洲和非洲的国家，令大部分的国家都决定罢踢以示抗议。

16岁时的埃莱娜

尽管当时已经拥有欧洲最耀眼的球星尤西比奥，但是1966年是葡萄牙第一次入围世界杯决赛阶段的比赛。小组赛葡萄牙面对巴西、匈牙利和保加利亚3战3胜，进9球仅失2球，无人能敌。在小组赛最后一场比赛中，葡萄牙在利物浦的古德逊球场迎战拥有贝利、托斯陶和加林查的巴西队。结果尤西比奥梅开二度助葡萄牙3比1战胜了巴西队，致使桑巴军团小组赛结束便打道回府。

葡萄牙1/4决赛的对手是战胜意大利出线的朝鲜队。开场仅仅25分钟，朝鲜队就以3比0领先。不过随后尤西比奥打响了世界杯历史上最著名的逆转战役的第一枪。“黑豹”尤西比奥打入4球，最终帮助葡萄牙以5比3反超。

进入决赛的葡萄牙遇到了东道主英格兰队，第30分钟和第80分钟，鲍比·查尔顿连入2球，英格兰胜券在握。尤西比奥在第82分钟帮助葡萄牙扳回1球，但是为时已晚。在三、四名的决赛中，面对苏联门神雅辛，尤西比奥打入了他在本届世界杯上的第9个进球，帮助葡萄牙以2比0取胜。

1966年第一次出现在世界杯舞台上的葡萄牙让世界球迷记住了他们，“黑豹”尤西比奥凭借9个进球成为了“最佳射手”。很多葡萄牙人因此将这一年与足球定格在一起——因为此后20年，葡萄牙都和世界杯无缘。

这个世界从来不吝啬以任何方式跟任何人发生关系——无论她是谁。

对埃莱娜来说，1966年让她见识到疯狂的葡萄牙青年们在酒馆里的放肆喧闹，让她首次见识了球迷的风采，有了被某个男青年搭讪的经历，但跟另一件事情比起来，这些都显得不那么重要。这件事情，就像铸剑的刀匠，对着一块绝好的坯子，在青红色的火焰下，将这块坯子敲击定型的第一下铁锤。

埃莱娜通过全国统一考试，如愿以偿地进入了里斯本大学物理系，不仅如此，她同时还获得了本硕连读的机会。

怀着美好的心境，埃莱娜踏入了里斯本大学的校园。她看着那里的一草一木，幻想着未来的生活，在那里，谁也不知道她将会邂逅什么、遇见什么、告别什么。

17岁的少女，终于第一次独自面对这个世界。她惴惴不安，忐忑不已，偶尔兴奋，更多的是对未知的恐惧。

然而有点像1966年的葡萄牙足球，兴奋只是短暂的。刚刚踏入大学校门的埃莱娜发现物理学之路并没有想象得那么简单和有趣。即便到了今日，埃莱娜也这么认为，她用夸张的语调、不解的神态说，“这实在是太难了”。

而更难的生活，还没在她面前正式展开。

## 里斯本大学

对于埃莱娜而言，踏入里斯本大学可以说是真正独立生活的开始。这也意味着，她终于和那个有着漫长午后、像是怎么看都看不烦厌的马普托的马路牙子分别了，那条长长的马路牙子，从这天起，成为她生命中属于“过去”的那个部分。

而属于“未来”的那个部分，即将在这个曾经的天主教小国、曾经的世界级大国，在今夏为世界杯沸腾的国度里展开。埃莱娜的足迹夹杂在了历史的轨迹中。

个体与世界从来都是密不可分的。

此刻的埃莱娜就在这样的时空里，她感到一点点的惊慌失措，又有着略微的不安。过去和未来两种状态，在她身上冲撞，既有对过去的缅怀，又有对未来的期待和恐惧。

人往往对未知的事情感到恐惧，可是，未知的事情也往往异常迷人。

第一次独自置身于这个有着悠久历史的大学，个性安静的埃莱娜感觉仿佛可以在林荫中寻找历史和生命的天籁——里斯本大学的历史，与葡萄牙的教育起落、国家的兴衰密切关联。他就像一位牧师，见证着这个国家远航、称霸、兴起、衰落。

在里斯本大学的时光，使年轻的埃莱娜异常深切地感受到教育的重要意义。这让她想起了儿时在马普托，那寥寥数次感受世界的经历。她又回忆起那一次坐在马路牙子上，向路边探出脚，这种体验让她着迷，让她深深沉醉。而书本，可以让这种神奇的感觉得以模拟、存活，更重要的是，它可以创造更美好的东西，让读过它的人，成为更美好的人。

“教育的重要性”，这种儿时通过马路牙子、图书馆以及父母的饭桌上，在莫桑比克建立起来的感受越来越清晰，并且，潜移默化地影响着埃莱娜。

这一切，都与她所在的里斯本大学密不可分。

这所大学的历史可以追溯到中世纪的1290年。

公元8世纪初，阿拉伯人征服了贫瘠的伊比利亚半岛。在阿拉伯人统治时期，教育备受重视。10世纪后期的首相曼苏尔，常常巡视各个清真寺和学校，入座听讲，参加讨论。这些清真寺都是研究学问的场所，讲授哲学、天文学、数学等课程。

除了清真寺，伊比利亚半岛的各个大城市都办有大学。当时的欧洲正处于历史上的“黑暗”时期，或者说是文化上最为衰落的时期，而伊比利亚半岛例外，因为它已成为欧洲最重要的学术文化中心。

11世纪以后，欧洲城市兴起，对文化、书籍和教育的需求开始增长。但经过数千年的战乱，欧洲本身保留下来的古典著作已经很少了。为了学习古典文化和科学技术，欧洲各国有许多人来到伊比利亚半岛留学，使这里成为了西欧人了解古典文学和东方文化的重要通道之一。欧洲的知识分子大量吸收从伊比利亚半岛传入的阿拉伯文的古典著作，并把这些著作翻译成欧洲通用的文字后在各大学和城市传播。东方的天文学、数学、医学和哲学、文学等等也由此向欧洲传播。

葡萄牙人开始与北方基督教国家和南部伊斯兰国家作战，并在1139年取得独立。1143年，卡斯蒂亚正式承认葡萄牙的独立地位。独立的葡萄牙王国建立不久，国王就拨款资助学生去国外留学，以培养这个新兴国家的高级人才。

1290年，一个非常重要的人物，在后世被称作“诗人国王”的迪尼什一世（D. Dinis I）[①]出现了。

迪尼什一世对葡萄牙的发展产生了极其巨大的影响。他鼓励农业和手工业的发展，开办金矿，并且不反对外国商人在葡萄牙从事贸易。在他统治时期，葡萄牙在经济方面取得了很大进步。热那亚人开始在葡萄牙出现并定居，他们丰富的航海经验对葡萄牙产生了深远影响。迪尼什一世是最早鼓励建立商船队和海上力量的葡萄牙国王。他从国外募集人才指导本国人民学习航海技术。在迪尼什一世在位时，热那亚移民艾曼纽尔·佩萨格诺成为葡萄牙的第一位海军指挥官。

最为重要的是，迪尼什一世对葡萄牙语的发展有很大影响。他下令凡是官方文件一律用葡萄牙语书写，以代替以往通用的拉丁语。这种政策促进了葡萄牙语的使用和完善。

迪尼什一世总的来说是一个倾向于中央集权的统治者。为了与天主教教会和大教主抗衡，他采取多种措施限制教会的司法权。这些斗争的一个额外成果——也是他对教育方面最大的一个贡献，就是打破了教会对学校的知识垄断。1290年，经罗马教皇的批准，迪尼什一世将里斯本王宫改设为大学，招收欧洲各地的学者前来研究学问，并颁发各国公认的学位。

此后，这所大学几度在科英布拉与里斯本两个城市迁返，后于1537年搬至科英布拉，成为现在的科英布拉大学。这所大学培养了许多杰出人才：有“葡萄牙诗魂”卡蒙斯（Luís Vaz de Camões）[②]，他在澳门时每逢公余闲暇，必到今日的贾梅士山洞

---

① 1279年—1325年在位。

② 约1524年——1580年6月10日，葡萄牙诗人，最著名的作品是史诗《葡国魂》。

下徘徊吟咏，一得佳句，立即在石上记下来，并最终完成不朽巨作《葡国魂》；也有明代万历年间来中国传教、在中国被尊称为“泰西儒士”的意大利人利玛窦。根据当时的一些记载，在14世纪，代表世俗主义的“精神自由”学说可以在大学校园里得到充分的传播。伊比利亚半岛上的大学充满了自由气息，这种气息，弥漫着一股清新的气味，让未来名震世界的知识分子和精神领袖甘之如饴。

里斯本大学是葡萄牙首都里斯本的一所公立大学，当前的里斯本大学是由原里斯本大学（创建于1911年）和里斯本技术大学（创建于1930年）合并而成。里斯本大学的物理系久负盛名。物理系隶属于里斯本大学科学学院，该学院的历史可以追溯到1619年。

起初，科学学院共有三个本科专业，物理化学为其中的一个专业。1946年，由于日益增长的社会需求，学院成立地球物理专业，并从原物理化学专业中独立出来。1964年，取消了原物理化学专业，分别成立物理专业与化学专业。

自1929年起，西里洛·苏亚雷斯教授（Cyrillo Soares）成为物理化学专业主任，物理科学的研究工作正式启动。尽管饱受萨拉查[①]严酷的独裁统治，其带领的研究团队仍然致力于原子和核物理领域的研究，尤其是在放射科学和X射线光谱学方向的研究，在当时葡萄牙的科学领域首屈一指。

研究团队中，曼努埃尔·瓦拉达里斯（Manuel Valadares）和奥雷里奥·马克斯·达席尔瓦（Aurélio Marques da Silva）于巴黎大学

---

① 萨拉查（António de Oliveira Salazar），1889年4月28日－1970年7月27日，葡萄牙独裁者、前总理，统治葡萄牙长达36年。

获得博士学位，师从著名物理学家、放射化学家玛丽·居里（Marie Curie）。1931年至1946年，全团队18人中共计10人获得博士学位，其间，还成立了里斯本大学原子物理中心。1947年6月，由于政治原因，研究工作被迫中断，转入地下。

独裁统治时期结束后，物理专业理论和实践研究恢复正常，原子物理中心也随即恢复。1976年，里斯本大学核物理中心成立。1982年，物理系成立。随后，物理系开设了数学和基础物理、核物理、原子物理、分子物理、凝聚态物理、地球物理、海洋学、气象学、电子及仪器仪表、生物物理学、医学物理学和科学史等专业。

就是在这样一个历史悠久、精英荟萃的环境中，埃莱娜虽然偶尔会感到胆怯和孤独，但她的进步如同她的个性一样稳定。

她的胆怯和孤独，让她的少女时代显得尤其多愁善感。

## 物理学之路

两位教授成了埃莱娜通往物理学圣殿的领路人。

费尔南多·布拉干萨·吉尔（Fernando Bragança Gil）①教授在里斯本大学任教时开设了核物理实践课程，以激发学生的兴趣。并开设物理学选修课：核能谱测量。他的一生不仅致力于物理学的教学和科研，也在科学历史的保护、科学普及和博物馆学等领域作出了很大贡献。此外，以他的名字命名的“费尔南多·布拉干萨·吉尔奖”在葡萄牙物理学领域有很大的影响力。这个奖项每两年评比一

---

① 1927年12月12日—2009年月24日。1976年在里斯本大学建立核物理中心，2003年，在里斯本大学建立科学博物馆。

次，评出在葡萄牙的大学的最佳物理学博士论文。

若泽·平托·佩肖托（José Pinto Peixoto）[①]教授致力于气候和环境方面的研究，并出版了很多著作。甚至在他去世之后，还留下了50余篇论文有待发表。在里斯本大学自然科学学院的前面，人们建立了一座他的塑像以示对他的尊敬和纪念。

关于这两位老师，埃莱娜并没有过多地言及，可是，我们看得到，在提到这两位老师时，埃莱娜眼中现出了光芒，这在她提及儿时的修女老师时也出现过。这样的领路人，在她的生命中到底扮演了什么角色——大概，类似于灵魂被打开了一扇窗吧。

无论是马普托午后的阳光，还是书页间的童年，抑或是里斯本大学的少女岁月，这些，都将构成埃莱娜独特的人生。有些被遗忘，而更多地，则在埃莱娜的回忆里沉淀下来，成为偶尔会被拾起玩味的珍贵钻石，历久弥新。可能所有细节都已然被忘却，但是那一份感觉，却深深地镌刻进了埃莱娜的灵魂里。

## 爱情的来临

每个少女的心事，都像一首诗，而且是一首惆怅的诗。如同埃莱娜的性格，安谧、冷静、寡言。

越是沉默的人，越懂得爱。

安静的性格，注定让埃莱娜不会成为校园里的社交达人：参加各种各样的联谊，或是什么协会——而后邂逅小伙子们。相反地，

① 若泽·平托·佩肖托，1922年11月9日—1996年12月6日。1969年—1973年任里斯本大学副校长和地球物理研究所所长。

埃莱娜甚至连普通的社团活动都很少参加。其实这种事情，在她看来非常不可思议：她不知道这种事情有什么意义，那个世界——物理学的世界，已经有足够多的美好可以探寻，为何还要把时间花在这种无意义的交际上呢？

那时的她，暂时忽略了那些父亲母亲在饭桌上拌嘴闲聊的时光——是呀，这么无聊的日子，他们是怎么过得完一辈子的呢？她也不曾思考，那让她觉得很没劲、很浪费时间。更重要的原因，是因为那时的埃莱娜，尚未遇到足够让她怦然心动的爱情。

埃莱娜固守在自己的世界里，那里有无限宽阔的海洋，却没有十里桃花，也没有春风满面。她如此笨拙地将自己囚禁在了那里，因为她尚未到过另一个地方，那里有十里桃花，也有春风满面，还有一个在等待她出现的人。

在那时，课堂、实验室和图书馆成了她活动最多的地方——精准到微克的由微粒组成的世界永远叫她沉迷。当然，除此之外，埃莱娜也乐于享受不多的午后闲暇时光，偶尔也会坐在公寓的窗边喝喝咖啡，看着对面的街区发发呆，这让她想起了多年前将小脚丫伸向马路的那个午后——当然她已经不会再有这样的行为，但她依然爱看这世间的千姿百态，千娇百媚。或许她在等待什么……人类在过去几千年里，人文的东西其实变化不大。比如坠入情网、看重家庭、男人喜欢看球、女人喜欢购物、没人愿意变老等等。古往今来全世界人们都用基本相同的价值观在生活，人性中的共性大于差异性。

爱情亦然。

在每个人心里，无论这个人多么冷漠，在他们的想象中，他们的爱情，总有一段看起来浪漫而意外的开始。或许是在海边，或许是在地铁上，或许是在轮渡上，或许是在飞机上。

总之，一心沉浸在学术里埃莱娜，从来没有想过“一见钟情”、“邂逅”这类场景会发生在自己身上，她并不认为这有什么意思，更不认为，自己会那么幸运地遇上它们。

“一见钟情”、“邂逅”、“白首偕老”、“经历了大时代的波澜”。

而它们真的就一一发生在埃莱娜身上。

如果说蓝色是葡萄牙人的航海理想，那么红色则是葡萄牙的风情万种。葡国红，自古以来都是属于平民的浪漫情调。热爱生活的葡萄牙人，把迷惑人心的红色星星点点地分布在每一个角落，这其中，也包括了他们的餐桌。夜幕降临，烛台上火光点点，酒杯中红波摇曳，在相互的凝视间，葡萄牙人脸上泛起了红晕。

这个夜晚属于红色。

让我们回到故事的最开头，这是一个单相思的故事。

在街角的交汇处，一位小伙子静静地坐着。他有着年轻健壮的身体，充满阳光和活力，他就那么坐着，手臂自然地垂下。

但是如果你仔细观察的话，你会发现，他正在等待着什么。他的眼里泛着光，充满期待，就像独自一人去到山峰绝顶，搭好帐篷露营，默默等待一夜后，马上要迎来那壮丽的日出时发亮的目光。这说明了一件事情：他在等待的事务，一定如日出一般壮丽美好。

也不知过了多久，小伙子就一直以这样的姿势坐着，像是不知道累，也不知道日头猛晒，就像一个等待圣诞礼物的小朋友。

这世界赐给他的礼物马上就要来到。

就在他目光的尽头，两个姑娘从街角处转了出来。她们手牵着手，像是任何走在里斯本大学都会见到的年轻女孩。

其中一个女孩，就是我们故事的主人公埃莱娜。

18岁时的埃莱娜，摄于里斯本

小伙子的眼睛亮了起来。那目光，就像看见了太阳，他见到了他日思夜想的太阳。如今他仍记得当时的风声、温度、手心的触感、微微泌出的汗珠，以及喉头滚动的声音，他一次又一次地等待埃莱娜，因为他已经爱上了她。

不知道埃莱娜在路过这个英俊的男青年时，是否想过“一见钟情”这种事情，可在她和小伙子的身上的确发生了，只是她从没想到过，并不是自己一见钟情地爱上了某个人，而是某人对她一见钟情了。

那时候，一直沉浸在物理世界的埃莱娜还害羞得没来得及想象自己的爱情，她走在路上，挽着朋友，她是陪她的朋友去相亲的。

从不扭捏的埃莱娜在这件事情上犹豫了，可是很快地，她就为自己的犹豫感到一点点的羞愧，这种不大方让她觉得有点莫名其妙。她欣然答应了朋友的邀请，表示自己非常乐意与她一同赴约，如同年轻的马里奥同意去往莫桑比克，她隐隐地感觉到了什么，却不知道自己走上了一条通往爱情的道路。

这道路幽暗又神秘，却充满了甜意。

如果将埃莱娜的这一生铺平，延展成一条卷轴，那么和这位年轻小伙子擦肩而过的这一瞬间，注定不平凡，像是珍珠一样闪着洁白的光芒，是世间最美好的事情。

埃莱娜从来没有想过，他们俩第一次见面，是在这样一个场合下。

如果让她重来一遍的话，不知道埃莱娜是不是会亲自挑选最靓丽的衣服，梳最好看的发型，郑重其事地喷上还与自己不相称的香水，去见心上人呢？她坐在女友旁边，手足不安，讲着不合时宜的蠢话，偷眼去瞧那个英俊的小伙子，然后发现小伙子也在偷偷瞄着她。

于是，心跳就漏了一拍。

她听见内心怦然而动的声音。

关于那个问题，我们永远也不知道她的答案，但是或许在她心上人的眼中，每个时刻的她，都是完美的她，而更好的她，就是与自己度过每一分每一秒的她。

就像在那个燥热微风的午后，他坐在椅子上，看着她走过来，然后打招呼。在街角邂逅的那天下午，那个腼腆英俊的小伙子就决定行动起来。

两个生性善良温和、不善言辞的人，就此相遇。

结果，相亲原本的主角并没有走上爱情之旅，作为配角的埃莱娜和路易斯却一见钟情。此后的故事平实而温暖，两人一路相伴，光阴流转，转瞬40余年。

埃莱娜说起这件事的时候，她已年过60。

世界在飞速地变化。每一天都有人出生，每一天都有人死亡；每一天都有遗体被火化，每一天都有婴儿发出他在这世间的第一声啼哭；每一天都有人落魄得一分钱都不剩，但每一天都有人终于功成名就。

这个世界就是这样子的。而埃莱娜，也从那位17岁的少女，变成了一位饱经风霜的女士。

2012年初春，大西洋的海风还很凛冽。

埃莱娜夫妇

从海岸边到埃莱娜夫妇的住所只有五分钟车程。埃莱娜亲自为我们泡茶，但她对于自己的故事的讲述依然如同研究物理学一样严谨。正当我们苦恼于“yes” or “no” 的回答时，她突然说起了那唯

——一次惊心动魄的相亲经历。

说到这里，路易斯·瓦斯科·皮尼奥（Luís Vasco Pinho）先生冲我们诡异地一笑，“其实当时不是偶遇”。埃莱娜终于第一次知道，40多年前，那个住在街区对面的路易斯早就注意到她了，而那次相亲，原来也是一次有意的安排，故事的主角原本一开始就是她。

那个在街角等候的少年，等待的，从来就是那个一心一意扑在物理学上奋斗的、像花朵一样美丽的埃莱娜。

埃莱娜夫妇在书房

这不能算是“偶然”，在40多年的生活中，埃莱娜一直享受着路易斯给她带来的这种种“偶然”，幸福而满足。我们曾问起她对先生的看法，思量许久，她只淡淡地用一句话形容自己的丈夫：“他是我生命的源泉。”

说到这里的时候，60多岁的埃莱娜突然眼前一亮，她想起了什么。她带着我们穿过客厅，来到餐厅，给我们展示了一件“特别珍贵的东西”——那是路易斯先生亲手为她制作的彩色玻璃画。

画上是一座不知名的小镇。把画迎着光，它会呈现出完全不一样的颜色，玲珑剔透，仿佛瞬间有了生命，让观赏者可以在时间和空间两个维度漫溯。

阳光透过画面，穿过时光，越过岁月，静静地讲着一个好多好

彩色玻璃画

多年前的故事，就像被胶卷定格住的时光。所有关于爱人的情义，他们第一次拥抱、第一次接吻、第一次互换戒指、第一双儿女、第一次互相取笑对方变老，都在这中间。

如果说童年在马普托的经历让埃莱娜对这个世界产生了初步的认知，那么，在青年时期，里斯本大学和她的先生就是她生存的意义，是她灵气的河、人生的清泉。

是的，事业和爱情，就如同这幅彩色玻璃画，在生命阳光的映照下，演绎出无穷的光影，成为埃莱娜人生的源泉。

有了这样的源泉，度过了少女时期的埃莱娜，将带着美好的记忆，度过漫长的人生。

因为少女埃莱娜，马上将回到那个有一对对牵着手的情侣的、美好的、不复曾经的莫桑比克。

# 第三章　重返莫桑比克

1972年，埃莱娜迎来了自己生命的第23个年头。

她以优异的成绩从里斯本大学毕业，并经过五年的本硕连读，最终取得了里斯本大学的物理学硕士学位。

也是在这一年，埃莱娜和路易斯的爱情也终于尘埃落定。

很多女性在爱情到来时总是犹豫不决，但埃莱娜不同，她是勇敢的、坚决的，是在爱神面前坦荡又无所畏惧的女皇。她几乎毫不迟疑地向路易斯允诺了自己后半生的幸福。

“这是我俩的结婚戒指，我要嫁给你，无论是顺境或是逆境、富裕或贫穷、健康或疾病、快乐或忧愁，我将永远爱着你、珍惜你，对你忠实，直到永远。”

婚礼神圣而庄重，阿威罗乌尔教区（Freguesia de UL）教堂，两个年轻人在神父的见证下郑重宣誓结为夫妻，彼此相守，至死不渝。

接下来的庆祝热烈而奔放，亲友的祝福如同葡萄牙的红酒，浪漫、芬芳，悠远、绵长，埃莱娜和路易斯在众人的簇拥下走向了属于他们二人的婚姻生活，而前方等待他们的究竟是什么，谁也无从知晓。但他们相信只有爱能给所有或平淡或波澜的苦痛与折磨带去希望，他们就是这样单纯地信任彼此，信任站在面前的这个人可以冲破无限阻力，跨越千山万水，无论战争还是疾病，无论时间或是其他。

婚礼上的埃莱娜

从此以后，命运将两个人紧紧地联系在一起。

婚礼上的路易斯夫妇

而多年以后，埃莱娜回想起自己和路易斯的爱情片段，都无数次庆幸自己当初的选择。

《圣经》中曾这样描述爱情，“爱是恒久忍耐，又有恩慈；爱是不忌妒，爱是不自夸，不张狂，不做害羞的事，不求自己的益处，不轻易发怒，不计算人的恶，不喜欢不义，只喜欢真理；凡事包容，凡事相信，凡事盼望，凡事忍耐。爱是永不止息。”埃莱娜年轻时读到这一段话，心中也向往这般圣洁无私的爱情，而现在，她终于拥有。

但是，这时的她还未曾知道的是，有些深印在生命里的痕迹，却是不容其随意增减，也不容她退让迁就，哪怕只是一个小小的驿站。

她无法逃避接下来遇到的事，她的心注定要经历一番漂泊。

## 北部小镇

在两面有着蔚蓝海洋的国土之上，在高高而又清凉的山上，照片中的新婚夫妇和这一群年轻人，伴着阳光，伴着婚礼的钟声，向将要预见的未知微笑起来。

但是在这一年，似乎全世界都笼罩在阴郁的气氛中。

黑色9月的梦魇重复出现在慕尼黑人民的梦境中，那恐怖的狰狞着的面孔一次次的侵扰着德国人的防线，在这种每个人都极端脆弱的岁月，可以让人怀想的快乐实在太少太少，留给埃莱娜的只有悲伤。

而潜伏在慕尼黑之殇背后的黑色9月，悬挂着以巴冲突的绝望，不断制造着杀戮，恐怖行动的荒谬与绝望传染了整片亚欧大陆，遍体鳞伤的奥运圣火在黑暗的丛林里星星点点地祈盼黎明。

婚礼上的路易斯夫妇和朋友们

葡萄牙上空，在一切将醒未醒的秋日早晨，同样被悲观笼罩。

政府和“莫解阵”的战争已经持续了10年。

最初在军事方面，葡萄牙政府试图将战线控制在最北部的边境地区，尤其是那些最没有经济价值、人口最稀少和白人人口最少的地区，进而将其同大多数非洲人隔离开来。

殖民当局强行将农民迁到“战略村落”定居，并在莫桑比克与马拉维边境和坦桑尼亚边境沿线建立了警戒所。殖民当局建立这些“战略村落”的目的是切断“莫解阵”同农民的联系，减少农民对“莫解阵”的支持，甚至希望在“战略村落”中组建“民兵”并使之成为殖民地的第一道防线。

但这些“战略村落”的建立并没有阻止“莫解阵”从非洲人那里获取粮食、兵员和战略情报。“莫解阵”在萨莫拉的领导下，游击队扩大了在太特省的战果，并从1972年开始突入莫桑比克南部地区，游击队的前锋甚至推进到萨韦河流域距离首都马普托仅640公里的地区开展活动，对贝拉城构成了严重的威胁。这个时候，“莫解阵”武装力量已经发展到足足两万人的可怕规模，控制着莫桑比克近1/3的国土。

随着战争的不断升级，葡萄牙殖民军迅速增加，从1961年的4000人发展到20世纪70年代初的七万余人。

在葡萄牙国内，虽然有各种各样的争论，但是越来越多的年轻人不得不应征入伍，去莫桑比克服役。

路易斯就是其中一位。

这时路易斯和埃莱娜刚刚新婚不久，政府就下发了征兵令。

但这对埃莱娜来说不算是太意外的变故，甚至不完全算是坏消息，因为刚刚毕业的她也收到了来自莫桑比克爱德华多·蒙德莱恩大学（Universidade Eduardo Moudlane）的执教邀请。而且，更为重要的是，她的家人，她常常思念的父亲、母亲、妹妹，还都在莫桑比克。

她已经太久没见到自己的家人，甚至在梦里也梦不到他们的影子，在很长的一段时间里，埃莱娜独自一人近乎疯狂地忙碌着，紧张可以让人暂时忘却孤单，她忙着学习、忙着研究、忙着恋爱、忙着抱怨战争，一秒钟也不让自己停歇，怕的就是一旦有那么一刻停下来，她就再也跑不动了。

而现在她和丈夫在里斯本的生活一切都才刚刚开始，生活虽然还没有完全展开，但好日子似乎就在眼前。直到丈夫入伍和爱德华多·蒙德莱恩大学（Universidade Eduardo Moudlane）的执教邀请的到来才又把她从眼前的迷蒙中拖出。

她又重新回忆起往日的种种来，那些她无数次试探过的路口、模糊的记忆、支离破碎的片段，仿佛刹那间找到了倾泻口，纷至沓来……

她在心里一遍遍地默念着家人的名字，像是回首过往的思念，那些潮水一般的思念覆盖住大片记忆，她想起妈妈身上那件已记不清颜色的长裙，爸爸眼角突然长出的一条皱纹，妹妹奔跑在草丛里的背影，和无数她无法解释却难以忘却的悲伤，这些悲伤仿佛埋伏在那里很久了，只等着有一天，什么事情的发生，让埃莱娜会再次打开它，像好奇的孩子那般，悄悄地打开，像在推开别人的房间。

没有更多的意外，埃莱娜几乎又是毫不迟疑地跟随了自己的直觉。同年，她再次踏上了去往莫桑比克的旅程。所不同的是，这次，她是随丈夫一起去的。

最初的6个月，埃莱娜和丈夫一起，在部队驻扎的一个莫桑比克北部小镇新弗雷舒（Nova Freixo）生活。

莫桑比克北部，南纬17度以北，高原高度自西向东倾降，渐至海滨。马拉维高地和奈莫利高地是这里最高的地区。当你坐在各式各样的交通工具上，以夸张的表情“享受”着坑坑洼洼的土路带来的颠簸时，自然会有被你逗乐的当地人告诉你：这些满目疮痍的土路是战争留下来的纪念。

虽然当地人的生活很贫困，但埃莱娜非常喜欢这里的环境，这里至少看起来是宁静祥和的小村庄和美丽的热带港湾，小渔港的熙攘和安静，棕榈叶后面的夕阳，腼腆可爱的孩子们的黑色肌肤衬托出最闪亮的眼眸。你可以感到当地的黑人虽贫穷却很幸福。

这里的每个人都是天生的舞蹈家。透过他们狂野的舞姿、丰富的表情，你能感受到他们的欢喜、热情、疲惫、惆怅和希望。人生多艰，难得的是他们总能苦中作乐。你甚至不觉得这是一个长期处在战争阴云中的民族。

在这里，仍旧流行着以白为美的传统，因此这里的姑娘们总是想方设法使自己显得白一些。他们相信借助自然物质中的神力可以使自己变得更美丽，因此他们使用一种用当地的猴面包树制成的白色粉末，这种特殊的美容品在每家都储藏得很多。

埃莱娜一定是喜欢和这些姑娘们待在一起的。她向往这里的人们在逆境中仍旧积极乐观的生活态度，这种态度甚至影响到她之后的很多选择，给予她无穷的勇气和动力。

北部沿海是著名的莫桑比克岛。石头城和芦苇镇把这个长3公里、宽500米的小岛分成了两个部分。

石头城是莫桑比克岛的独特风景。自16世纪以来，由于城镇建设自始至终使用相同的建筑技术、采用相同的建筑材料以及遵循相同的装饰原则，使得整个城镇的建筑风格保持着惊人的一致性。它是昔日葡萄牙通往印度的贸易口岸，那些建于16世纪——19世纪的石头建筑，至今还在使用，政府机构、学校商业、酒店餐厅、居民们的生活，都还在那些房子里日日夜夜的运转着。

石头城，一直都没有改变过的风格里，却蕴含着多元文化的交集。

彩色的建筑和教堂来自于葡萄牙人的记忆；房顶上的雨水收集系统、花园建筑、清真寺，都镂刻着阿拉伯人的痕迹；而门廊的雕刻和那些建筑装饰，是漂洋过海从印度传来的。

小岛南部的芦苇镇则更有生活的气息，芦苇镇的年纪比起石头城来说年轻许多，它是20世纪才由岛上的黑人自发建立起来的。

一个个茅草屋掩映在棕榈树间，当年在修建石头城时，挖取出来的泥土形成的这片空地随着小岛的逐渐发展，岛民们遂在这里搭建起了这些茅草屋，这里是岛上生活气息最浓郁的地方，大大小小的市场、渔市、酒吧，拥挤着乱成一团。

美好的环境给新婚不久的路易斯、埃莱娜夫妇带来了蜜月一般的心情。丈夫有空的时候，他们就会去爬山，或者去海滩，再或者沿着铁轨一路漫步，如果不是因为路易斯的军人身份，你完全看不出战争和这对年轻的夫妻有什么关联。

路易斯夫妇在新弗雷舒

路易斯夫妇在新弗雷舒

那段时光确实是埃莱娜生命里最难忘怀的一段，它无关任何伤感，两人在莫桑比克的北部小镇上享受难得的惬意，尽管此时，战争正不断地侵犯着这片圣洁的土地。

也是埃莱娜重返莫桑比克的这一年，在远离他们居住地北部的一个名为威里亚姆的村庄里，此刻正进行着一场罪恶的大屠杀。葡军士兵共杀害了60名—400名被认为是游击队支持者的村民。在被杀的这些人中，大部分都是妇女和儿童。甚至还有调查报告声称，葡军士兵拿村民的人头当足球踢。更加令人震惊的是，这场惨无人道的屠杀行为直到第二年的7月才被一名英国传教士和两名西班牙传教士发现。

即便是在战争爆发的紧要关头，“莫解阵”也只有7000多名士兵，这样弱小的军队是很难在常规的作战中战胜规模强大得多的葡萄牙军队的。

因此，“莫解阵”从一开始就不断争取莫桑比克民众的支持，他们在各城镇中埋设地雷，以使莫桑比克人不屈服于葡萄牙政府，为了赢得民心，他们还在乡下建设了新的城镇，并允许逃离家乡的莫桑比克人前来居住。

游击队在葡萄牙占领区造成的恐惧，再加上威里亚姆大屠杀被揭露，莫桑比克的情况变得更糟糕了，人们惧怕死亡的到来。

而这座北部的小镇却像从未经历这些战乱的洗礼一样，人们照例按照最习惯的生活方式安全地存在着，埃莱娜似乎也受到了身边这些人的鼓舞，她静静地陪伴家人、爱人，也在心里陪伴着童年时的自己，度过了使她终生难忘的一段时光。

小镇的一切都那么平静、美丽。

路易斯夫妇在新弗雷舒

埃莱娜对国家政治和有关军事讨伐的种种传言并没有多少兴趣，如同对于物理学的挚爱一样，她对生活的视角也始终保持着某种特别的温柔与执着，她只关注身边普通人的生活是否依然美好。

和与丈夫在一起的美好心境相比，当地人穷困的生活状态和落后的教育还是让埃莱娜的心头蒙上了不少阴影——当地人的生活实在是太糟糕了。

那些年的莫桑比克，是很难碰到安宁日子的，喧闹和乐观的表面下隐藏的其实是战争的残酷。人们试图用幸福的模样骄傲地送走一切不愉快的假象，但每到夜里，总能在冰冷的高墙抑或是谁家的小窗户下面听到一个低哑的声音在呼唤着宁静——或者仅是片刻的安宁。

此时的埃莱娜在小镇上的一个学校里教书。

学校是由葡萄牙人建的，和她在里斯本见到的学校相比，这所学校已经不能简单地用简朴来形容了。

整个学校所有的学生加在一起也就150人左右，大部分是当地的黑人。而老师的构成则更加千差万别，有来自欧洲国家的，也有中国人和印度人，因为语言、宗教和其他复杂的原因，老师们互相之间的沟通很少。由战争而导致的当地的贫困生活也使得只有少数家庭才能把孩子送到学校接受教育。

事实上，即便是经济条件不错的家庭，也极少有家长愿意把孩子送到学校，葡萄牙政府在殖民地也没有强制性的教育政策，莫桑比克当然也不例外。

但在埃莱娜看来，这种状态似乎是难以接受的，主动放弃教育对于自幼接受过良好教育的埃莱娜而言简直是天方夜谭，她开始以一种极冷静、极特别的眼光审视着在这里看到的一切，战争和流亡环境下的人们，对于安定的生活和光明的未来缺乏渴望，或者说

路易斯夫妇

他们觉得某种本应当成为基本需求的东西已经近乎变成一种奢望。

当活下去本身已经成为一种挑战的时候，不会有人愿意去考虑教育、考虑传承、考虑下一辈人是否还会有属于他们的时代这些“无关紧要”的事了。

也正是在这个时候，埃莱娜不再觉得这一切与她的幸福生活无关，为此，她必须要做些什么了。

“孩子们的眼神告诉你，他们需要一切，这个理由就足够了。我给他们上课，教他们一切我能教的东西，葡语、历史、数学、科学……所有的。你知道，教育有多重要。”

在莫桑比克北部小镇的半年时间，让埃莱娜再一次从灵魂深处感受到教育的重要性。也是从这时候起，她的命运发生了巨大的变化，她决定接受邀请，到马普托的爱德华多·蒙德莱恩大学任教。

## 1973年的记忆

进入大学继续进行物理学的研究和教学，这对埃莱娜来说无疑是件轻松而且令人愉快的事情。但这个时候，葡萄牙国内发生的一系列事件让埃莱娜把目光从物理学更多地投向了教育。

对教育的不满情绪在葡萄牙国内蔓延，国民对本国高等教育体制中存在的诸多问题，如学龄青年失学比例偏高、大学的教学科研水平偏低等十分不满。政府也意识到需要改变现状，提高本国的高等教育水平。为此，葡萄牙政府首先从扩大办学规模入手。

1973年，政府在阿威罗、埃武拉和布拉加设立了三所地方大学。对埃莱娜来说这无疑是让人振奋的消息，当然，这时候她并没有想到这其中的一所大学将和她的人生紧密相连。

也就是在这一年，葡萄牙国内的局势正在发生更加令人担忧的变化。

第二次世界大战后，很多欧洲国家纷纷自愿或被迫放弃其殖民地。而葡萄牙萨拉查右派政权却拒绝放弃其殖民地，因此它仍然维持着庞大的殖民帝国。

葡萄牙尝试镇压殖民地发起的非殖民地化浪潮，并因此爆发了殖民地战争。

这一战争持续了近十年，不仅没有结束的迹象，到1973年，葡萄牙在莫桑比克的殖民地战争更是一步步陷入泥潭。

而在葡萄牙国内，反战的情绪在不断高涨，人们已经非常厌恶在莫桑比克等殖民地进行的毫无希望的持续性、消耗性战争。那些卷入殖民战争的葡萄牙军事人员，因为长期背井离乡和服役期的不断延长，厌战情绪日益蔓延，士气低落。

在殖民地作战的白人军官，尤其是那些指挥黑人部队的白人军官，不少人往往憎恶葡萄牙政府和一些白人移民对待非洲人的态度和做法，反而对非洲人争取自由的斗争抱有越来越多的同情态度。

葡萄牙国内，反战情绪日益膨胀，越来越多的人逃避和拒绝服兵役。

征召来的士兵和充任低级军官的大学毕业生越来越厌恶战争。各种情绪在酝酿和蔓延，犹如一股一股的暗流，逐渐汇合，不断涌动，反战从一种情绪逐渐演变成各种行动。

葡军内部出身社会下层的许多低级军官成了葡萄牙国内反战活动的激进分子。长久的战争和庞大的军费令萨拉查政权失去了很多葡国人民特别是中低级军官的支持。

1973年进行的立法选举完全由政府操控，与萨拉查统治时期别无二致。与此同时，由石油危机引发的世界性经济衰退也不可避免地波及葡萄牙，国内经济形势急剧恶化。包括莫桑比克在内的非洲殖民地风起云涌的独立运动又给了葡萄牙当权者迎头沉重的一击，让各种社会浪潮如同大西洋的波涛，一浪高过一浪。

在葡萄牙的政变企图中，中低级军官中流露出不满。大约有100名低级军官和军士签署了一项公开宣言，抗议军队强制征兵的做法，并认为，军队"应该更好地完成其使命，而不必去职业化、民主化或受到清洗"。据报道，在高级军官采取了严厉的行动之后，才制止了几百名其他军官签署这一宣言。

截止到1973年夏天，共有190名年轻军官签名请愿，批评政府

的现行政策。最初他们主要是为了表达对自己职业的不满，但没过多久，加入这一运动的中低级军官越来越多，很快发展为“尉官运动”。

同年11月，“尉官运动”发展成了“武装部队运动”。这个时候，“武装部队运动”本身已经发展成为一个持不同政见者的完善的组织，其秘密成员来自不同的政治领域。除了职业地位受到威胁以外，军官们还对工资低和在莫桑比克艰苦环境下的长期驻军生活不满。

葡军高级军官对政府殖民地战争政策的看法分成了两个集团。右翼集团以葡军前莫桑比克总司令考扎·德阿利亚加（Kaulza de Arriaga）将军为首，主张在非洲推行军事解决的战争政策。但温和派高级军官以总参谋长弗朗西斯科·达科斯塔·戈麦斯（Francisco da Costa Gomes）和副总参谋长安东尼奥·斯皮诺拉（Antonio Spinola）将军为首，主张同非洲独立解放运动进行谈判。

斯皮诺拉将军同时也是葡军驻几内亚总司令，他的著作《葡萄牙与未来》已出版。

他在书中提出，应该同非洲殖民地建立一种松散的联盟，因为葡萄牙根本不可能取得完全的军事胜利。他的这一理论获得了越来越多人尤其是军队官兵的共鸣，同时促使越来越激进的“武装部队运动”密谋者们采取更加果断的措施。

为纪念4·25革命而命名的四二五大桥

1974年3月，葡萄牙总理卡埃塔诺以斯皮诺拉和科斯塔·戈麦斯不支持政府现行非洲政策为由解除了两人的职务。愤怒的军人发起了第一次起义，但很快被镇压。

在政府失去了军队高级领导人支持的情况下，1974年4月24日到25日夜里，“武装部队运动”发动政变，军人再一次发动起义，占领了里斯本，废黜了萨拉查指任的卡埃塔诺政府。

在政变期间，军人用康乃馨花来代替枪中的子弹，里斯本群众手拿康乃馨夹道欢迎，这场著名的“四·二五”革命因此也被称为“康乃馨革命”。

总理卡埃塔诺和总统托马斯被流放到巴西，以斯皮诺拉和科斯塔·戈麦斯为首的“救国委员会”建立。

与普通的暴力革命相对比，葡萄牙的“康乃馨革命”是采用和平方式达到目标，在没有经过大规模的暴力冲突的情况下获得成功。

为纪念此日，葡萄牙把4月25日定为“自由日”。

## 教育的曙光

在爱德华多·蒙德莱恩大学的办公室里，埃莱娜接到一个电话，电话的那边是大学的物理系主任，此时他正在葡萄牙出差。

“埃莱娜，我必须告诉你一件事儿，我现在暂时回不来了……”

“四·二五”革命胜利，葡萄牙全国上下一片欢腾，笼罩在葡萄牙上空长达几个世纪之久的专制阴霾由此一扫而空。

埃莱娜放下电话，目光里闪现的却是另一缕曙光，这是教育的曙光。埃莱娜，她想要的、她真正要的，也就是如此了。

从1926年到1974年，葡萄牙一直处于独裁统治政权之下，“康乃馨革命”的重大意义在于使国家开始了民主化进程。与其他欧洲国家的历史发展轨迹相比，葡萄牙是一个饱受殖民战争之苦的欠发达农业国家，其政治领导人历来的理念是读书有害。

“读什么？读政治宣言和错误理论吗？”这是萨拉查政府初期国民大会的唯一答复。

19世纪中叶，超过80%的葡萄牙公民是文盲。到20世纪初，这种状况仍然没有得到明显改观，与曾经在相同起点的西班牙和意大利形成鲜明的对比。

20世纪初，在校学生只有25万左右。20世纪60年代，葡萄牙的文盲率仍然在60%左右。一个多世纪以来，葡萄牙在教育方面的投入微乎其微。

其实，葡萄牙教育问题的产生绝非一日之寒，最早可以追溯到中世纪。

就高等教育而言，葡萄牙的大学教育是随着中世纪欧洲大学的兴起和发展直接由王室创办的。就此而言，它具有明显的民族特征，因为当时许多欧洲国家的大学基本上是由教会创办的。

以成立于1290年前后的葡萄牙科英布拉大学为例，它从建校至今一直是全国重点公立大学。

在此后的漫长岁月里，葡萄牙的高等教育发展缓慢。

但是，从传统上讲，或至少从19世纪起，葡萄牙的高等教育作为促进国家现代化进程、增进社会发展的工具，一直由政府直接控制。

国家不仅负担高等教育的经费，而且还肩负指导他们运作的重任。

值得一提的是，在1968年，根据罗马教廷的有关法令，葡萄牙天主教大学宣告成立，该校作为政府认可的法人经济实体，受到葡萄牙和罗马教皇签约条款的保护。

从20世纪60年代开始，葡萄牙政府逐渐意识到本国高等教育体制中存在诸多问题，如学龄青年失学比例偏高、大学的教学科研水平偏低等，开始痛下决心改变现状，提高本国的高等教育水平。

葡萄牙政府首先是从扩大办学规模入手来解决上述问题的。

20世纪70年代末至80年代初，为适应国家高等教育多样化政策的需要和地方社会经济发展的要求，政府先后建立了10所综合性大学和理工学院。

在埃莱娜看来，1974年无疑开启了葡萄牙教育的新纪元。

随着民主时期的到来，葡萄牙颁布了一系列教育新政，教育经费也同步迅速增加。遗憾的是政府未能制定出一个长期的改革战略。

由于年轻的民主政体变化不定，而且面临诸多困难，教育部部长往往采取权宜之计，力求解决教育普及、教育供给与绩效等问题。由于政府和内阁成员的不断更替，教育结构、内容、评价系统、学校管理，甚至大学入学制度都摇摆不定，经历了多次变革。

但不管怎么样，事情总算是在朝着好的方向发展。这次，埃莱娜知道这一年发生的这些事情，将真正影响自己的人生。

她欣喜地发现，在过去的30年时间里，葡萄牙的高等教育有了前所未有的发展，从过去仅有4所大学发展到今天的14所公立综合性大学、15所公立理工学院以及1所非综合性的大学。所有这些大学和其他一些与高等教育有关的机构一起构成了葡萄牙相对完备的高等教育体系。

她甚至有一种自己抑制不住的、长久以来都没有感受过的兴奋和冲动。埃莱娜意识到，葡萄牙的教育将走上振兴之路。

她知道，自己将是其中的一员。

## 秋去春来归

1974年，秋天之后，埃莱娜和路易斯的女儿出生了，新生命给这个家庭带来无尽的喜悦。

埃莱娜似乎也十分享受这个角色的突然转变，由一个女儿、妻子变身成为母亲，幸福来得太快，埃莱娜有些措手不及。

她看着怀里的小宝贝，尽情畅想着日后的生活，兴许她会想要和路易斯有一座大房子，尽管时局动荡，但她可以借机好好地把女儿保护起来，让她免受战争的侵蚀，教她念书、写字，就像她曾向小镇上的孩子们允诺的那样。她愿意把她

路易斯夫妇与女儿

的一切都交付给女儿。

埃莱娜自在地想着，仿佛这一切就在眼前了。

她非常喜欢这个地方，这个给了她另一种开始的地方，在这残酷与幸运并生的神奇小镇，她竟然孕育了新的生命。但是时局却让路易斯夫妇再一次改变自己的生活。

1974年底，莫桑比克的战争虽未完全终结，命运却再一次肆意地戏弄着善良、单纯的小镇人民。

路易斯终于结束兵役，埃莱娜带着对小镇上教育情况的惦念再度离开了莫桑比克，但她把自己的愿望和祝福留在这片赤诚的热土之上，她甚至觉得其实自己并未完全真正地离开，总有一天，她

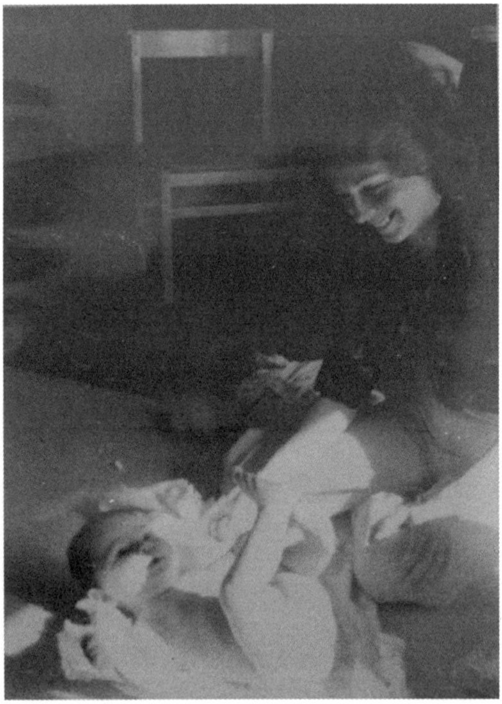

埃莱娜和女儿

路易斯夫妇在马普托寓所

会凭借在这里所经历的一切去改变这个世界，从而帮助到更多的人。

带着这份信念，埃莱娜和丈夫、女儿、父母静悄悄地离开了莫桑比克，他们很快抵达了南非，她的妹妹就在那里等她，等着与她久别重逢。

短暂的欢聚给埃莱娜带来许久未曾体验过的感动，家人的陪伴和女儿的降临让她体会到更多的美好，但同时，也让她更加深刻地理解了别人的不幸。这些细节深深地影响了埃莱娜之后的选择，她那种想要改变别人的性格和骨子里的那股决不随意折返的执念，便由此越发地确定和强烈了。

在那之后不久，埃莱娜与家人再次分别。分别总是感伤的，但对于此时的埃莱娜而言，已经和过去的分别不同，在她的心底渐渐萌芽出另一种特别的使命，这种使命让她难以挣脱，让她不得不选择去为了更多人的命运而劳累奔波，在这种强大的使命感面前，埃莱娜与家人挥手告别。

一家人又一次踏上各自的旅程，父母从南非前往中国澳门，并在那里定居。

埃莱娜和丈夫则带着家庭新成员，返回葡萄牙里斯本。妹妹继续留在了南非，祈祷着下一次与家人的团聚。

飞机上，埃莱娜看着怀里孩子在恬静地安睡，记忆的碎片再次如同教堂的彩色玻璃在脑海中闪过——坐在马路边的小女孩，和黑人孩子一起念书，和丈夫在莫桑比克北部度过的美好时光……虽然条件很艰苦，但是埃莱娜丝毫没有介意生活艰难的一面。她有时间旅行，有时间回忆。她喜欢这里的环境、喜欢这里的阳光、喜欢这里的温暖。

埃莱娜1973年摄于莫桑比克

脚下的非洲大地，留下了埃莱娜的童年梦想和青年时光。

在这里，她最不愿意看到的战争结束了；

在这里，她深深地体会到人与人之间会有很大的差别——毫无疑问，教育可以改变这种状况；

在这里，她所期待的教育的进步和发展终于露出了新的曙光，她的新一段人生航程将与此紧密相连。

# 第四章　艰难时光

## 重回里斯本

1975年，路易斯夫妇带着女儿回到葡萄牙里斯本。

久违的城市。

咖啡、文化和城堡，拥有这一切的里斯本充满活力，是旧大陆的魅力、地方特色和当代便利的结合体。南区是市中心的枢纽，圣豪尔赫堡守卫着它，而在圣豪尔赫堡南边，紧挨着的就是阿法玛狭窄的大街小巷。往西走就是巴伊罗—阿尔多山，穿过齐阿多区就能到达。往北越过罗西奥就是主要的大街自由大道，一直通往邦巴尔侯爵广场和厄瓜多尔七世公园。

站在这些历史与现实交融的建筑中间，仿佛让人随手可以触摸这座城市的历史。

伦敦留学期间返回里斯本留影

传说中把这座城市在七座山丘上创建的历史归于尤利西斯与仙女卡里普索的邂逅，当尤利西斯抛下仙女离去之后，伤心欲绝的卡里普索把自己变成一条蛇，缠绕的蛇身就变成了那七座山丘。

事实上，至少在史前时代，这儿就已经有人类居住的痕迹了。它有力的地理位置吸引了那些到处寻找安全港口的腓尼基商人。

大约在公元前1200年，他们把这儿修建成了一座港口。接着，希腊人和迦太基人先后占领了这里。公元前205年，这个当时叫奥利西波的城市被并入罗马的卢西塔尼亚省。尤里西斯·恺撒于公元前60年提高了这座城市的地位并把它命名为费里西塔斯·茱莉雅。

罗马人占领后留下来的遗迹都来自于那个相对繁荣的时期。当罗马帝国崩溃以后，这座城市毫不设防地暴露在日耳曼蛮族部落一次又一次的进攻之下。

8世纪摩尔人到来后，这座城市得以享受了400年的稳定和繁荣时期，直到1147年阿方索·恩里克占领了里斯本。1260年左右，摩尔人被完全驱逐出里斯本，首都从科英布拉迁到里斯本。1290年迪尼什一世在此创建了第一所大学，但是1308年它被迁往科英布拉城。教会和王室之间的斗争使这所大学在两座城市之间来回迁移。最终，科英布拉城在这场独特的战争中获得了胜利，里斯本直到1911年都没有一所自己的大学。

15世纪末“地理大发现时代”的到来使里斯本变成了一个重要的贸易中心。在开辟了通往印度的海路后，财富源源不断地流入葡萄牙，里斯本也进入了一个黄金时代，这段时间大约持续了一个世纪。

葡萄牙在随后长达60年的西班牙统治时期内，外来的财富开始减少，之后西班牙统治者被逐出葡萄牙，但随着海上贸易的衰退，里斯本的经济也一落千丈。在巴西发现的黄金又使葡萄牙暂时恢复了昔日的繁荣，但是大部分财富都被汤若望五世挥霍光了，他下令修建了大量奢华的建筑，都在1755年的大地震袭击下轰然倒塌了。邦巴尔侯爵在地震之后开始策划安排城市的重建。

从那以后，里斯本在主广场的一片枪声中见证了君主制的终结，随后而来的是萨拉查的独裁统治，他使城市远离了现代化的发展，从某种意义上说，或许这是唯一应该感谢他的。

1975年，里斯本并不平静。

“四·二五”革命胜利的喜悦还没有过去，这座城市很快就再一次陷入了动荡。大规模的农民改革计划和城市的国有化运动都没有能取得预期的成效，反而导致了左、右两派之间尖锐的矛盾和对立。出于恐惧，大批企业主逃往巴西或其他欧洲国家，带走了大量的资本和技术。斯皮诺拉被解除了职务。

1975年3月，他曾试图发动政变，但没有成功，被迫逃往西班牙。

1975年4月25日，“四·二五”革命一周年纪念日，举行了制宪委员会选举。在这次选举中，社会党人得票最多，但是，他们还没有能力控制由军人占主导地位的政府。社会党领袖马里奥·苏亚雷斯很快就辞去了总理一职。他在里斯本发动了一场声势浩大的游行示威活动，抗议政府对社会党的干涉。

1975年11月25日，中右翼士兵发动了第二次军事政变，推翻了“四·二五”革命后建立的临时政府。

在动荡的时局中，埃莱娜收到了一份来自一所新大学——阿威罗大学的邀请。邀请的发出者——维克托·吉尔（Victor Gil），是这所大学的第一任校长。埃莱娜想起来，这是自己在马普托·爱德华多·蒙德莱恩大学任教时认识的时任葡萄牙教育部部长。显然，在那次短暂的访问中，这位部长记住了年轻的埃莱娜。

混乱往往使人迷失方向，但是埃莱娜却很清楚自己要做什么。两度在莫桑比克的生活让她深深感受到教育的意义。埃莱娜几乎没有任何犹豫就接受了邀请，赴阿威罗大学物理系任教。

从此，埃莱娜的人生和这所大学连接在了一起，用埃莱娜的话说，“我的职业生涯就是阿威罗大学的历史”。

## 阿威罗

阿威罗是坐落在葡萄牙中北部的一座新兴城市，作为沟通葡萄牙中部与北部的交通枢纽，阿威罗同时也是一座水城，因此常被这里的居民骄傲地称作“葡萄牙的威尼斯”，但是实际上它一点也不像威尼斯。

这个比喻仅仅来源于穿过城市的运河和穿梭于运河上的船只。运河系统非常简单：圣罗克是最主要的一个水道，沿着小镇边缘还有两条稍小的运河，它们都和里亚湖相连。这个泻湖在大西洋内陆绵延47公里，边缘是沙洲和长长的沙滩。古罗马人称阿威罗为塔拉布里加，它曾经是一个小岛。

阿威罗

今日阿威罗

然而，几个世纪以来，沉积物高高地堆积起来，产生了泻湖，却堵塞了航道和来往的贸易。

但在这条主运河道的两边有很多18世纪遗留下来的商铺，在那里，你可以听到各种各样的音乐。而最惬意的则是在夏夜安坐于皮划艇上，倾听着两岸传来的夜曲。

阿威罗市政规划优美，高品质的建筑充满现代气息，城中的大型百货商场多得与小城的规模不成比例。众多人文建筑中，耶稣修道院是葡萄牙国内巴洛克风格最为典型的一座建筑，这是1472年若阿娜公主为了纪念自己的母亲所建。

就在这座修道院的同一条路上，还坐落着圣多明戈斯教堂。传统的鱼市场依然开设在阿威罗的心脏地区。在这里，古代与现代完美地融合在一起。

1973年，一所新的公立大学——阿威罗大学，在这个城市开始建立。

埃莱娜初到阿威罗，并无多少的新鲜事可以令她赏心悦目，再加上学校初建，未成规模，老师的身份仍未能给她的愿景带来更实质的推进。她每日行走在这座小城里，靠欣赏美景来愉悦自己的心情，好在阿威罗不曾令她失望。

运河两侧的房子很雅致，墙上贴着细致的青色瓷砖，阳光“眷恋”着浅蓝色的水流，在水面上游移跳跃出细碎的亮光。小镇上的时间总是显得悠闲，沿着河道慢慢散步，埃莱娜觉得自己的心情舒缓下来。

## 国王学院

埃莱娜来到阿威罗大学的时候，这个学校的物理系只有两个老师：一个系主任、一个助教。

虽然政府对学校的创建给予了很大的支持，但所有工作的开展几乎都是举步维艰。课程体系、教材、实验室，几乎所有都是空白。系主任和埃莱娜商量后决定，为了学校和个人的发展，她要尽快争取继续深造的机会。

系主任和几所英国大学联系后，很快获得了回音。简历寄过去没多久，她就收到了录取通知，并且她的申请还同时获得了古本江基金会的支持。

1975年10月，埃莱娜来到了英国伦敦国王学院。

伦敦国王学院与伦敦政治经济学院毗邻，其他四大校区分布于泰晤士河两岸，隔河相望，景色迷人。国王学院悠久的历史也只有牛津大学和剑桥大学可以与之争锋。

1754年，英王乔治二世依《国王宪章》在新大陆成立了国王学院，但1783年美国独立战争结束后，国王学院被改名为哥伦比亚大学，以纪念美洲发现者哥伦布。1829年，英王乔治四世和首相威灵顿公爵于伦敦市中心泰晤士河畔创立了伦敦国王学院。这是一所传统的由英格兰教会管理的大学学院，也是伦敦大学中最古老、最大的学院。

伦敦国王学院的毕业生对19世纪的科学、医学和社会做出了很大的贡献，推动了自然科学和社会科学的发展，并在各个方面一直处于领先地位。

一条石墙沿着学院内的大道延伸，墙后仿佛是英王的宫殿，一砖一瓦都飘荡着历史的回音，每一扇门窗都有说不清的庄重和肃穆。院内绿草茵茵，透过花格窗的窗棂，仿佛可以回溯这所学校古老厚重的历史，聆听大师的对话。沿着这条路走，埃莱娜能看到许许多多大师的身影。

在物理学界，伦敦国王学院可以说是声名显赫。

电报电讯的鼻祖查尔斯·惠特斯通（Charles Wheatstone）爵士毕业于此。1834年，他借助旋转镜观测电火花，测定导体中电流流过的速度。1835年他研究电火花的光谱，得出该光谱只取决于金属电极材料，而与电火花通过的气体无关。1837年他发明了五针电报机并获得专利。两年后，他在派丁顿与西德累顿之间架设了世界上第一条商用电报线。1858年他研制出第一个具有实用价值的自动发报装置。

电磁物理学家詹姆斯·克拉克·麦克斯韦（James Clerk Maxwell）亦任教于此。他因为列出了表达电磁基本定律的四元方程组而闻名于世。在麦克斯韦之前，人们就对电和磁这两个领域进行了广泛的研究，知道这两者是密切相关的。适用于特定场合的各种电磁定律已被发现，但是在麦克斯韦之前却没有形成完整、统一的学说。麦克斯韦的主要贡献是建立了“麦克斯韦方程组”。这个简短的四元方程组，准确地描绘出电磁场的特性及其相互作用的关系。他还创立了经典电动力学，并且预言了电磁波的存在，提出了光的电磁说。

麦克斯韦是电磁学理论的集大成者，他出生于1831年，这一年也是由电磁学理论奠基人法拉第提出了电磁感应定理，麦克斯韦后来又与法拉第结成忘年之交，共同构筑了电磁学理论的科学体系。

物理学历史上认为牛顿的经典力学打开了机械时代的大门，而麦克斯韦的电磁学理论则为电器时代奠定了基石。1931年，爱因斯坦在麦克斯韦百年诞辰纪念会上，评价其建树是“牛顿以来，物理学最深刻和最富有成果的工作”。科学史上称，牛顿把天上和地上的运动规律统一起来，实现了第一次大综合；麦克斯韦把电、光统一起来，实现了第二次大综合，因此麦克斯韦应与牛顿齐名。

1873年麦克斯韦出版的《论电和磁》，也被尊为继牛顿《原理》之后的一部最重要的物理学经典。可以说，没有电磁学就没有现代电工学。

现代理论物理学巨擘彼得·希格斯也是国王学院的毕业生。他以希格斯机制与希格斯粒子而闻名于世。彼得·希格斯出生于英格兰泰恩河畔纽塞，希格斯患有气喘，后来因为父亲工作的缘故，全家在第二次世界大战期间搬离泰恩河畔纽塞，他也因此没有继续在学校接受教育。

他在物理学方面深受校友保罗·狄拉克的影响。此外，希格斯还被布里斯托大学、爱丁堡大学、格拉斯哥大学等多所英国名校授予荣誉学位。但他最重要的成就依然是他发现了希格斯粒子这一物理学界的伟大奇观。

1964年，希格斯写了一篇短小的论文，发表在欧洲核子研究中心的刊物《物理学通信》上。随后他又写了一篇论文投给《物理学通信》，描述一种自己设想的理论模型，就是现在被称为“希格斯机制”的模型。同年，顶尖物理学刊物《物理学评论》也刊出了他的论文。差不多在同时，布罗特等数名物理学家也独立做出了类似的推测。

《物理学评论》50周年大庆时，希格斯等六位科学家的类似论文都被评为“物理学届的里程碑”。

国王学院物理学科的历史地位由此可见一斑。然而，国王学院的荣誉还不止于此。文豪托马斯·哈代，诗人约翰·济慈，现代地质学奠基人查尔斯·莱尔，现代医学的重要人物李斯特、弗洛伦斯·南丁格尔都是国王学院的校友。埃莱娜来到这里的时候，国王学院已有八人获得了诺贝尔奖。

那年，虽然“埃莱娜”已经26岁，但她依旧非常渴望接受新的知识和教育，她关心最多的是她所期盼的物理学的制高点。

风和日丽的美，在国王学院的长廊，她随意走过一座象征学校荣誉的殿堂，看见了物理界最卓越的前辈们的相片。

相片里，一个个法老模样的学界宗师露出诡秘的微笑，深邃的眼睛流露出智慧的光芒。

从那一刻开始，相片上的前辈成为她的榜样，从此再也无法无法忘记。

埃莱娜有了新的理想，物理学之路，坚定不移。

## 第一次的孤独

但是实事求是地说，国王学院优美的环境并没有给埃莱娜带来多少好心情。对于她而言，这并不是一个十分美妙的深秋。

新生通常是在米迦勒节之后来到学校报到的。

在“基督”徒的教义中，米迦勒也被引申为“秋天”的意思。和那些拥有悠久历史的名校一样，国王学院把米迦勒也当作每学年第

求学期间在伦敦

一学期的名字来使用，即为圣米迦勒学期。

伦敦的10月，被永远不会散去的薄雾笼罩着，让人的心情也显得阴沉。

丈夫路易斯陪着埃莱娜，带着刚刚一岁的女儿一起来到伦敦。导师戈登·戴维斯（Gordon Davies）先生给埃莱娜找了一个临时住所，在这里，她和丈夫、女儿度过了依依不舍的五天时光。路易斯离开伦敦之前，特意给埃莱娜买了一个特别大的娃娃，埃莱娜实在无法控制自己的眼泪。看着路易斯和女儿离去的背影，她第一次深切地感受到那种发自内心最深处的孤独与无助——这是一种她从未体验过的孤独。抱着路易斯留下的大布娃娃，世界仿佛只剩下埃莱娜一个人，孤孤单单，她想要的温暖，原来如此深厚。女儿的降生曾经给她带来巨大的轻松和幸福，在这个时候瞬间转化为巨大的不安，母亲对孩子的爱是最强烈、最本能的感情。

好吧，一切都需要自己打理。

埃莱娜打起精神，着手收拾身边的各种混乱。但这次，除了对通往物理学圣殿的期待，更多的是一个年轻母亲希望尽早回家的热切渴望。

刚到伦敦时，埃莱娜基本上独来独往。她需要面对的困难太多了——要解决语言的障碍，要选择研究的方向，要寻找经费的支持……这些还好，最难克服的，或者说是完全不可能克服的困难是对丈夫和女儿的想念。

作为一名物理学博士研究生，埃莱娜的日常生活更多地穿梭于学院中间，大部分时间都花在了实验室和图书馆。看书已经不仅仅是专业的需要，也成为自己收拾心情的方式。

多年后在伦敦重寻求学时的寓所

国王学院的摩根大图书馆，开馆典礼时英国女王伊丽莎白二世亲自莅临剪彩，这也是英国二战以后兴建的最大的图书馆。

图书馆为19世纪哥特式建筑，极其雄伟壮观，该建筑原为英国公共档案图书馆，后才转让与国王学院。馆内藏书涵盖的领域十分全面，几乎包括了所有埃莱娜能想到的研究方向：美国研究、澳大利亚研究、拜占庭和当代希腊、经典文学、文化与创意工业、数字文化与技术、英语、欧洲研究、电影研究、法语、地理、德语、历史、语言学、音乐、哲学、葡萄牙与巴西研究、西班牙与美籍西班牙人研究、神学与宗教研究、战争研究、法律、医学伦理学、计算机科学、工程学、数学和物理等等。

这些丰富的资源和极其广博的书籍令人振奋，在埃莱娜初到国王学院的时候，就已经深深感受到了。新奇的环境让埃莱娜感到惊奇，对于爱好研究核物理学的她而言，这里绝对是收获人生哲学的乌托邦，但与此同时，陌生的环境与学习的困难也一度让埃莱娜感到无所适从，甚至让她走在人群中都会感到一种莫名的孤独，她开始怀念里斯本和莫桑比克的生活，怀念和家人在一起的幸福时光。偶尔有空闲时间，埃莱娜也很少参加集体活动。她买了一台收音机，环绕学院的草坪，或者沿着泰晤士河独自散步。偶尔收音机里有关于葡萄牙的消息，她都会驻足聆听。

慢慢地，埃莱娜开始逐渐习惯伦敦的生活，也让自己变得轻松起来，她常常去听音乐会、去欣赏歌剧，在艺术的殿堂里，仿佛可以和自己的家人灵魂相通。

这是一段艰难的时光，是“人生中特别的、不可复制的”时光。工作、学习，学习、工作，这成了埃莱娜在国王学院生活的基本节奏，埃莱娜每天都在数着离回国的日子还有几天。

人们从不同的地方来到国王学院，只为了在这几年的时光里，一起共享同一间实验室，在同一盏图书馆的台灯下读书，一起在一个好天气的下午，共赴一场美丽的演出。

圣诞节、复活节和女儿的生日都是埃莱娜热切盼望的日子——每年的这些时候，不管多忙，她都要返回里斯本和家人团聚。

幼小的女儿抬起头来对她说：

“妈妈，你是世界上最漂亮的妈妈！”

孩子口齿还不清晰，但埃莱娜却总能成为那个唯一读懂女儿话语的人。

她不禁微笑，俯身抱起了这个小小的宝贝，把她紧紧地拥在怀里。“是的，孩子，妈妈知道你的意思，妈妈明白你的意思。”

在国王学院的三年，埃莱娜从起初极少的人际交往到后来渐渐结识了不少朋友。他们大多各有所长，从很多方面给予了埃莱娜不少的帮助。这其中最重要的当属她的导师戈登·戴维斯先生。

这是一位“特别特别特别好”的老师——也许是因为长期从事物理研究的关系，埃莱娜从不习惯用过多的语言去形容什么，但在回忆这位老师的时候，她连用了三个“特别”。

一方面，他给学生很大的自由空间，几乎从不干涉学生的课程选择和研究选择；另一方面，他花很多时间和学生在一起，给予他们许许多多的帮助，从学业、研究到生活。

戴维斯先生至少每周找埃莱娜两次，常常去实验室看她，看她在做什么，在专业上给了她十分细致的指导。在埃莱娜的印象里，

埃莱娜和丈夫、女儿在一起

自己不管遇到什么困难，都会得到戴维斯先生的帮助，“这对我来说非常幸运”。

欧洲大陆的南边，路易斯和母亲一起照料着蹒跚学步、咿呀学语的小女儿。路易斯在一家经营陶瓷切割设备的公司工作——他必须全力以赴——给妻子支持、给孩子父爱。埃莱娜求学第一年的11月份，她回到里斯本为女儿庆祝生日。从伦敦空前的孤独回到家庭的温暖，埃莱娜几乎再也不想离开家人。路易斯只轻轻地说，回去吧，坚持，年底我去伦敦看你。

他们每周都会在约好的时间通电话。每周的这个时间，埃莱娜都会从楼上下来——而电话通常也在这个时候准时响起，电话的那边，一定是路易斯来自里斯本的问候。没钱的时候，埃莱娜把电话打过去，再由路易斯打过来，就这样，一周又一周。

博士论文写作中的埃莱娜

有时候，埃莱娜也会悲观。她觉得自己就要完全孤独了，所有的朋友和家人都不见了，而她亲爱的、挚爱的路易斯，总是在艰难的时候给予她温暖和拥抱。

她孤零零地守着国王学院豪华的门厅，四下无人，好似一片阴森森的海洋。她每次想离开这里，与家人团聚，结果总是被沉重的使命感召回。令世人仰望的国王学院眼睁睁地看着她淹没在孤独的漩涡里……

三年的时光，她在繁忙的研究工作中挣扎着度过。

1978年12月22日，埃莱娜捧着自己的博士论文走进了答辩教室。她从容地完成了自己在通往物理圣殿的最后一步，答辩组给予论文很高的评价。但在此时，其实埃莱娜期盼更多的，是快些见到自己的家人！

她顺利获得了由伦敦国王学院颁发的物理学博士学位，之后，她离开了伦敦，连同告别了几年里一直默默承受的想念和孤单……

# 第五章　阿威罗大学之路

1978年，埃莱娜告别了年轻时所有的青涩与不悦、初为人母时的讶异与羞涩、与家人分离时的落寞与孤单，走下承载着过去种种的旧栈道，走向另一条崭新的道路。

而她一直祈祷着的、只属于自己的那人生里另外一个最最重要的部分，终于来了。

1978年，埃莱娜在伦敦国王学院顺利拿到了物理学的博士学位后，便马不停蹄地赶回了阿威罗大学任教，除了那份对于家人的惦念，更多的是，她从未忘记过自己的允诺，她仍将自己在莫桑比克时感受到的那份力量，化作自己前行的动力。尽管孤单曾一遍遍地吞噬过她的坚强，尽管失落曾一层层地剥离着她的伪装，唯有一句强大的允诺可以帮助她打败一切不安分的情绪。

甚至在很多时候，埃莱娜竟觉得在那段岁月里，她又不是简简单单地在求学，而是莫名地遇到了许多从未意料过的坎坷，她就像一个漂流在大洋彼岸的女战士，尽管浑身浴血也不后退。

带着这样复杂的心情，埃莱娜回到了葡萄牙西北的这片热土。

1982年，和阿威罗大学同事合影。

## 为 师

从伦敦国王学院归来的埃莱娜，对于当时仅有五岁的阿威罗大学而言简直是馈赠。仅有几人的物理学系很快开始了极高效率的运行与发展，课程体系逐渐完善和稳定，招生规模逐步扩大，实验室建设也纷纷起步。初次体验大学老师生活的埃莱娜并没有太多喘息的机会，作为物理学系的骨干教师，她被任命为物理学系教研主任，这和当时阿威罗大学的发展背景也有很大关系。

1973年，阿威罗大学刚刚建立，正值葡萄牙高等教育扩建和创新时期。阿威罗大学的建立，在某种程度上是为了迎合经济科技发展背景下进行大学改革的社会需求，而与之相对应，暗含在这一国内诉求背后的，则是葡萄牙高等教育自身发展的重要线索。

对于整个葡萄牙的高等教育历史而言，要详尽地描述他，便不得不追溯至 20世纪初，当时全葡萄牙还只有唯一的一所大学——科英布拉大学（Universidade de Coimbra），葡萄牙共和国成立之初，大学作为一个国家科学技术的主要研究中心，就承担着解决经济发展等一系列社会问题的公共职能。尤其在“二战”以后，伴随着葡萄牙经济的飞速增长，大学一味强调的科研职能与社会现实的需求之间产生了越来越多的矛盾，最后升级至不可调和的状态。

矛盾的不断增加引发了教育界的革命，葡萄牙于1964年推广的六年义务教育，以及1967年提出并在次年得以正式实施的中学预备班教育（Ciclo Preparatório do Ensino Secundário）逐渐推动了葡萄牙全国范围内多所新中学的建成。

伴随着中学教育的扩展，扩大高等教育的规模也势在必行。

很快，与此政策相适应的种种措施，使得大学的招生人数和开设学院数量有了明显的增长，然而在欧洲，受“数量与质量对等”等传统观点的影响和驱动，以1968年5月学术危机以及1969年科英布拉学生运动为前奏，爆发了一场关于大学体制危机的大讨论，这场大讨论的结果，便是促使了葡萄牙大学教育进行更大规模的扩张。

同时，一项重要的社会分析也从理论上进一步阐释和落实了大学扩建的必要性。这篇分析犀利地指出了学校扩张，高等教育准入以及大学系统内部效率之间的脱节现状：一方面，高等教育依然存在等级限制，在葡萄牙增长的学生人数中，大部分都是之前由于性别原因，无法接受大学教育的中上阶层家庭的女孩，而工人阶层的女孩仅占有其中很小的一部分比例。

而另一方面，大学教育系统内部开设的课程比例并不平衡和科学，经济社会学、农业学、工程学、医药学等课程寥寥无几，已经到了极度匮乏的地步，而文学、法律、自然科学却又遍地开花，被更广泛的大学生接受和认同，这种近乎畸形的课程比例所反映出来的直接问题，便是葡萄牙的大学教育制度所造成的。

同时，这场关于大学体制危机的讨论也影响到了社会观念的转变，社会终于开始正视大学作为经济社会发展引擎另一部分的职能。

在这场讨论的指引下，葡萄牙加快了对本国大学的建设和扩张，以及对高等教育系统的完善和重视。

20世纪70年代，四所大学在葡萄牙异军突起。除科英布拉大学（Universidade de Coimbra）之外，葡萄牙还新建了其他三所大学：波尔图大学（Universidade do Porto），里斯本大学（Universidade Clássica de Lisboa）和里斯本技术大学（Universidade Técnica de Lisboa）。

1970年初，为鼓励大学扩招和教育机构扩建，国家教育部部长若泽·韦加·西芒（José Veiga Simão）颁布了高等教育组织章程，葡萄牙的高等教育系统得到了进一步的壮大。

1971年起，建设新大学的选址工作纳入政府的工作日程，综合地域特点、大学职能、周边环境等多种因素，1972年政府将地址锁定在斯图巴尔（Setúbal），布拉加（Braga）和阿威罗（Aveiro）附近，而埃莱娜所在的阿威罗大学就是那时决定建立的。

最新颁布的一系列法律条文重新定义了高等教育：今后将囊括所有大学，理工学院，普通高等学校及其他相关机构。直到1973

年8月11日，第402/73号法令最终授权建立新的机构，在法律上确认了包括阿威罗大学在内的多所公立和私立大学。

1973年12月15日，阿威罗大学正式建成，实现了阿威罗这个城市自20世纪60年代起就形成的关于扩大大学教育的构想。

而埃莱娜的回归刚好是葡萄牙扩张高等教育进程的高峰期，“这对整个欧洲大学教育制度、葡萄牙教育制度的完善，甚至具体到阿威罗大学的发展而言都是一个前所未有的黄金时期。”埃莱娜这样评价那个年代。

学校扩张和自身发展师资力量受限所形成的冲突，反映在埃莱娜本人身上，便是她的课程安排剧增，几乎排满了她的时间。在最少的时候她每周也要上8—12节课，以至于热爱教书的她也常常感到工作压力巨大，科研和教学实在难以平衡。又因为担任了系主任的工作，越来越多的事情堆到她的身上。

“平常按部就班的过日子，倒也没什么烦恼，只是总觉得时间不够用，有很多想做的事情一直来不及做。”

她偶尔会想念那些在莫桑比克北部小镇的日子，那些围绕在甜甜圈周围的奶油蛋糕，不同肤色的人种彼此扶持，虽陌生但却从未介意距离。

尽管年轻，尽管有许多未知，尽管有种种怀念，尽管她难得梦到那些时光，直到她发现自己再也梦不到的时候，她终于知道，自己已经回不去了，即便能够也不能再回去。独立思考的女性思想在她心里萌芽生长，使她变成了值得骄傲的女性。

做物理系老师的这十几年是她职业生涯的起点，这时的她尚未意料到自己今后的职业方向会有多少不同——实验与研究将成为她日常工作中的点缀。

一个又一个安静的夜晚，在灯下，埃莱娜都是怀着激动的心情，将那些空白的实验表格逐张填满。

而埃莱娜自己身上依然保有的最珍贵的东西就是这样一份对于实验和教学的赤子之心。

## 校园时光

有这样几个小故事我们不得不提起，或许我们可以从中窥见埃莱娜对于老师这个职业的感受。

学生们和她一向很亲，上课时经常会莫名其妙地冒出一些奇怪的问题，宽容严谨的埃莱娜并不以为然，总是尽量给他们解答。

有一天，一个戴眼镜的男生问她：

“老师做实验的时候遇到过有趣的事情吗?”

埃莱娜听着他的提问，露出微笑，一时之间，竟然不知道该如何回答。在埃莱娜看来，做实验本身就是一个探索和好奇的过程，充满了无尽的趣味，但她知道这一定不是那个男孩想要听到的答案，她甚至打算告诉他一件想起来就觉得好笑的事。

那是在她做大学教师的前几年，在阿威罗大学的物理实验室里，早上都是老师指导学生实验的课，实验室里经常有三三两两的学生带着奇怪的小物件出入。

他们之中有男有女，有硕士有学士，流动性却不太大，大多数的实验生都有了一些经验，也都是专业人士。每天准时来准时走，休息的时候也会在实验室里和老师谈天说笑，但是，只要一到上课时间，便走上各自的位置。埃莱娜穿上专业的实验服，大家就不再说话，也不再有多余的动作，在几十分钟的时间里，安静得如一座雕像。做物理实验需要极大的耐心，因此大家无论做到哪个阶段，都格外注意。

但唯有一次例外。

那是一个晴朗的午后，大西洋的海风悠闲地穿过阿威罗，拂过小城的碎石子路和蓝瓷砖上，细碎的阳光让一切看起来都很温暖。埃莱娜在实验室里指导两名学生做液氮试验，这样一个美好的周末让他们心情愉快，她向自己的学生强调实验的要点：因为实验中有电磁场，绝对不允许有金属物质留在实验室里。她认真地盯着眼前的两个男孩，在她正面的男生，有着消瘦的脸和身材，再配上他那很大很黑的眼睛，自然流露着一种美而忧郁的气质。

多半的时间，她都是站在两人旁边的，在准备的时间里，埃莱娜反复叮嘱着注意事项，到后来，甚至连埃莱娜自己都觉得厌烦了，她觉得自己好像不应该这么啰唆。

周六的实验室，窗户开着，实验楼楼下绿意盎然，穿过一片草坡，隐约还能见到一条小河。偶尔吹过凉凉的风，一路上有浓密的树丛和斑驳的地坪瓦砖小道，树上开着成串的紫色花朵。

埃莱娜看着窗外的风景，有些走神，她想起离家前丈夫劝她休息日可以早些回家，陪陪她的小女儿。她有些烦躁，又有点疲倦，有时候还自说自话，反复呢喃着女儿的名字。

在那个时候，她身边的两个小男孩将要开始实验，埃莱娜很满意地看着他们。她再次向这两个孩子交代了注意事项，然后离开了实验室。

还没有走出校园，埃莱娜便后悔了自己的决定，出于实验安全的考虑，她还是要回去看看。

她这么想着，脚步已经开始折回，几乎是同时她听到“嘭嘭”的几声，埃莱娜意识到事情不妙，就在距她几十米的范围之内，可能发生了意外。

她忐忑不安地赶忙回到了实验室。

正如她害怕看到的那样，实验室里一片狼藉。而比她更担心的是她的两个学生——酿成这场事故的罪魁祸首，那个眼睛又大又黑的男孩此刻正畏畏缩缩地坐在实验台一侧的地上，害怕地哭泣。

而另一个学生始终表情淡漠，却在这场意外中张着嘴傻笑，傻笑着与哭泣的男孩对望，在他们的四周散落着残破的实验器械。埃莱娜环顾四周，无奈地询问那个傻笑的男生：“这次你们是又把什么落下了？”

原来是一个金属的加热器，在实验开始后由于实验台电磁场的强大吸力一下撞击到实验台上，哭泣的学生也被撞到了，之后液氮喷涌而出，把实验室弄得一片狼藉。

天气很好，实验室很明亮，窗外树叶斑驳的影子已经爬到这层楼的走廊上来了，太阳照过来，把实验室里的白瓷砖都映上了一层柔和的绿光。

站在讲台上的埃莱娜怔住了，虽然实验设备被弄得一团糟，但是幸好两个学生没有受伤。埃莱娜又忽然觉得眼前的景象似曾相识，她想起了当初手忙脚乱做实验的自己，似乎又在混乱中看到了两个文质彬彬的男孩可爱的一面，心里霎时觉得很温馨。

“那真是太让人难忘了，现在想起来也还很有趣。”埃莱娜做出鬼脸，表示对那两个“可爱”的男孩子始终念念不忘。

她并不觉得教育是件多么难的事，埃莱娜对待自己的学生，既不逃避，也不挑拣，只是耐心地教授，等待着学生们逐渐蜕变。

埃莱娜的学生告诉她自己总是会做这样的梦：知道这一堂课要考试，但是在大楼里上上下下找，就是找不到自己的教室，要不然就是进了教室，老师来了，却发现自己从来没有上过这门课，也没有课本，坐在自己的位置上，心里又急又怕。

这个学生后来有一次在埃莱娜的课堂上哭泣。埃莱娜是一个对自己的课程极其苛刻的人，她反复思索着是自己哪里出现了错误，让这些孩子们觉得课程很难。

她的偏执与沉默不容许她犯下任何一个错误，尤其是在她挚爱的孩子面前，她想要走下讲台过去安慰她，告诉学生她或许可以懂她的心情，她或许可以讲得再细致一点，她甚至在短短的几秒钟里，描摹了无数关于女孩的心思：只是把书拿出来，却发现上面一个字也看不懂，而其他的人却笃定得很，老师无意中叫起她来，她却张口结舌，无法出声，所有的同学都转过头来，用一种冷漠、不屑的眼光看着她，让她在下课的时候也不禁发起抖来。

那是一种很不好受的滋味：老师在台上滔滔不绝，同学在台下听得兴味盎然，只有她一个人怔怔地坐着，面前摆了一本“天书”。她尽量听着，可是怎么也进不到这些诡异的世界里。或许，她唯一能做的事，就是用一支笔在“天书”上画图。

女孩依旧在哭，埃莱娜不得不暂时停下来安慰她。劝了很久，才终于从她断断续续的吐露中得知：是上一堂课的老师对她太过严厉，她不敢在她的课上哭泣，憋了整整一节课，到了埃莱娜的课上，才终于释放了自己。

埃莱娜回到讲台上，久久没有开口，只是微笑地注视着眼前的学生，有一种恍惚的感动。

当然，20多年后提及这些事情，埃莱娜顶多开怀一笑，不过，在那个时候，心情可是完全不一样的。

在大学任教的时光可以用十年来做计量单位，特别是在阿威罗这样一个安静的城市，一切都显得慵懒、惬意。然而对于埃莱娜来说，教学和科研几乎占据了她每天的大部分时间，从未止步。

从1975年到阿威罗大学任教开始，埃莱娜的职位逐渐提高，1988年，大家都意识到，也许我们应该改变习惯，称呼她为埃莱娜·纳扎雷教授。

在阿威罗大学的这段日子里，她担任过许多职务。比如，她曾是阿威罗市港务局董事会委员，管理过物理学系、半导体系、光电物理与无序体系物理研究中心，担任过阿威罗大学医学高等学院院长。

此时的埃莱娜·纳扎雷教授已经是阿威罗乃至葡萄牙和欧洲高等教育界的知名人士。在科研方面，她的研究领域包括半导体的深层次光谱、低维材料的光电性质（超晶格和异质结）等。由于她在这方面能力非凡，因此组织和领导了阿威罗大学物理系半导体光谱研究团队，领导或参加了超过20个由政府、欧盟甚至北约资助的研究项目。

1991年，埃莱娜·纳扎雷教授出任阿威罗大学副校长。

埃莱娜·纳扎雷教授坦言，担任副校长之后，“生活并未发生太多变化，只是偶尔多了些应酬”。的确，她当然不会离开科研，当然不会放弃对实验室的热爱。科研成果的转化成为她作为副校长的一项主要工作。她依然喜欢行走在阿威罗的碎石道上，喜欢走在碎石道上的感觉，喜欢有风的好日子，依然将她的主要精力投入到科研工作之中，在刚开始做校长的那几年，她还是更怀念在实验室的工作。

埃莱娜·纳扎雷教授在科研上的投入是显而易见的，她甚至为此已经到了一种痴迷的程度。

每一件科研成果在她眼中都是一件艺术品。所以，作为一个艺术的创作者，她的责任和义务则是尽心尽力地去完成创作，作品完成之后，她就选择保持缄默。

在一次实验中，突然有人叫她去校长办公室，埃莱娜不情愿地停下手中的工作，走向校长办公室时，身上穿着的是她那条做实验时常穿的牛仔裤。

出了实验室的门，她才发现四周都是注视着自己的眼睛，埃莱娜·纳扎雷教授这才发现自己身上满是实验留下的污垢。

但她现在回去已然是来不及了。她于是鼓起勇气穿过走廊，努力无视那些目光，最终还是到达了校长办公室。

但是埃莱娜·纳扎雷教授在校长办公室见到的场景显然让她有些无地自容——几位学校重要的外宾身着正装出现在她的面前，而此刻的埃莱娜·纳扎雷教授站在门口，低头看着自己还未整理干净的牛仔裤，不肯移步。

校长将她推送至这些贵宾的中间，向他们介绍这位令全校光荣的女副校长。埃莱娜·纳扎雷教授尴尬地迎合着，手却一直放在裤子上，努力地想去遮挡那些污垢。

这真是一种既尴尬却又无奈的心情。

然而没过多久，另外一些事情使得20年潜心科研和教学的埃莱娜·纳扎雷教授的关注点发生了一些变化——离开实验室是埃莱娜·纳扎雷教授最不愿意做的假设，但是这个时候，她觉得也许该是时候从实验室抽身了。

## 大辩论

1995年，社会党在大选中获胜，赢得了政府，却没有赢得议会中的大多数。当时的背景是，教育系统处于政治紧张状态，基本分歧严重；而社会对国家的教育前景极度不满，根据第一次国民教育调查的结果表明：绝大多数15—65岁的国民不能掌握读写算，79.5%的被调查人员只有最初级的读写算水平。

诸多问题影响着国家整体的教育质量，如高等学校入学率低而辍学率高、教学内容和方法失当、学校缺乏创新意识、教育管理中央集权化、成人教育相关政策的缺位，以及教育与职业培训严重脱离等。

这一系列问题导致学校教育作为个人和集体的投资没有得到社会的充分认可，教育失信于民。

政府决定把教育放在优先发展的位置上，那届政府承诺在四年任期内，逐步增加教育投入，并制定了相应的教育战略，力争在一段时间内缩小与其他国家在教育方面的差距。埃莱娜·纳扎雷教授认为，为此，国家必须重建自信，迎接挑战，寻找正确的答案。

“未来教育宪章”是这一战略的关键性工具，它需要整个社会及教育合作者的共同努力，而这又取决于调整教育系统混乱局面的能力，建立对话机制的能力，寻求积极目标的能力，以及调动一切可获得的善意和力量的能力。

在葡萄牙逐步建立公共教育系统的这一进程当中，各种讨论开始聚合于这样一种观点。

有些国家的教育是社会性力量推动的结果，而有些国家的教育，如葡萄牙，则是中央政府自上而下强制实施的，政府采取不同的方式，目的往往是要增强社会凝聚力，促进经济发展。就后者来说，规则的出台先于社会实践和需求表达。教育以华丽辞藻的形式开始，然后应用到实践中。

这种政府权威的方式导致了一些重大改革，无论是在过去还是在现在，教育改革的目的在于解决教育所面临的诸多问题。这也引发了人们对教育作为一种制度的诸多期望，这些期望有时是相互矛盾的。集权化教育制度的发展及其复杂性催生了进一步改革的需要，改革的失败也无一例外地令人失望。正因为如此，重大教育改革没有再次被列入议事日程，人们更愿意关注不同教育情境下，各学校、各学区或社区的不同教育实践。

大规模的教育改革让社会民众和学校都感到厌烦，他们往往消极应对各种改革，并对所有实现教育的措施持怀疑态度。

国民与政府之间的不信任破坏了双方的关系，独裁主义的遗毒对社会参与毫不让步。葡萄牙社会的这些特点都曾严重阻碍着民主教育制度的建设。

1995年进行了“教育诊断”，结果发现诸多问题亟待解决，一场名为“教育共同纲领”运动的风暴迅速席卷全国。“教育共同纲领”坚持“教育关乎每一个人”的原则，认为教育不只是教师、学生、家长和公务人员的事务。在相关的基本纲领、总原则和战略目标确立后，随即成立了10个未来行动委员会，并明确了各委员会负责的重大事项、具体事项的合作者以及实现各项承诺的方法。

讨论汇聚了各界代表，不仅包括文化、科学和经济领域的知名人士，还有来自政府部门、公共服务部门、协会、地方权威部门、学校管理机构、工会、非政府组织、科学与专业协会以及基金会等方面的人士。

不管这些人代表的机构或组织是什么，他们的参与都具有制度性和组织性，但同时也是非正式的、个人性质的。讨论涉及诸多领域：政治措施、地位、工作条件和参与、立法草案、具体协定的制定、合作者作用的加强、为确保地方参与而设立新机构、现有机构的赋权等。这些活动在中央、区域和地方各层面展开，既有全国性辩论，也有学校和社区范围内的讨论。在中央政府，葡萄牙成立了国家教育委员会，委员会主任由议会选举产生，委员会的成员由所有社会和教育合作者的代表组成，包括政党、社会名流、家长、学生、学校、大学、工会、科学与专业协会等。国家教育委员会监督政策实施并提出建议。

为推动教育分权，成立了新的机构——地方教育委员会。此举旨在确保各地区的学校、地方政府、家长、公共服务部门、社会与经济协会、地方权威和安全部门都能通过委员会参与教育活动和地方教育政策的制定。

但就未来“教育共同纲领”及其合作者来说，与其说是一个签署文件的过程，倒不如说是一个达成协议以期能调动国民支持教育制度、确保教育政策连续性的过程。这正是建立全国性联系的原因。“教育共同纲领”被提交给有关人士，各级学校安排一天组织专门讨论，这天被称为“大辩论日”（D–day）。此后，“教育共同纲领”被提交给议会，这样，各政党可以阐述自己的立场，并在《教育系统基本法》的框架下确立统一的指导方针。这是一个颇具象征意义的重要政治活动。

就当时的形势来看，葡萄牙的教育与培训达不到标准，质量指标非常低，因此政府格外注意葡萄牙落后的教育现状。

教育形势的愈加紧张；相互协商突然停止，一系列的示威游行经常导致教育部部长“下台”。

公众舆论和出版界对“优质教育”这一概念与“全民教育”能否融合仍持怀疑态度，政府则坚持教育需要整个社会的参与，需要渐进式的协商与参与式的改革策略。

1996年，教育部部长呼吁教育部与所有合作者建立更加稳定的机构间关系，他说：“‘教育共同纲领’是一种约定，是书面的战略性协议，它不仅包含我们的共同基础或分歧，也包含我们必须在至关重要的领域采取的紧急措施。”[①]

在议会发表演说时，这位部长继续说：

“此次会议讨论的主要目的是为理解和共识打下基础，以便我国在关系我们未来的战略领域有所进步。在作为‘民主中心’的议会，我们正在发起一场辩论和运动，它将使教育成为全体葡萄

① Macal Grilo, E. , 1996, “Preface”, In: Teodoro, A. ed. , *Pacto Educativo, aspiracoes e controversias* [Education Charter, objectives and disagreements], Lisbon: Texto Editora.

牙人的共同理想……我们要建立能经受政府更替考验的普遍性原则，创造一个稳定的环境，消除不确定性，为年轻人提供一个安全的未来……我们要重新定义国家、社会与教育之间的关系，确保并促进广泛的参与性和代表性。一味地追求教育发展速度尚不足以建立民主。当今社会处于民主与质量、公平与差异、共性与个性的两难境地。因而，教育质量的战略管理意味着建立一个信息沟通的过程，意味着增强系统的透明度，以调动一切资源、取得积极效果，意味着改善教育形象，重建教育和学校的可信度。"①

## 教育，为了创新

持续的、全国性的关乎教育发展与质量提升的战略性讨论让作为副校长的埃莱娜·纳扎雷教授开始认真思考大学、教育在社会发展中的作用。清晰的判断正在形成——"教育是为了创新"——她在诸多场合越来越多地言及这个问题。

"创新意味着为一件事物而引入一些新的成分，从而使其能产生更大的价值。毫无疑问，人类从未停止过创新的脚步，而创新意识也正在变得越来越重要。"

"大学捍卫并传播文化和智慧的遗产，它们培养政府、商界和各种其他职业的领军人物，同时通过给人们提供教育机会，使社会能正常运转，保证社会的公正。除此之外，作为结构复杂的机构，大学与大学之间差别很大，这种差异对不断发展的社会提出了要求

① 参见Diario da Assembleia da Republic [Journal of the Assembly of the Repubilc]. 1996 Series I,No.83 , 7。立法机关，立法过程第7章1995–1996（1996年6月20日全体会议）。

和挑战。当前全球因为经济方面的原因，各国政府都采取措施，提升大学竞争力。另外有一点值得注意，有时候靠市场并不能满足社会大众的需求。”

“不管怎么样，知识经济在全球的地位不断上升，要想在知识经济的大背景下取得成功就要依靠高素质的人才、科技的力量以及开拓创新的精神。正因为如此，大学之间的交流对于知识的创造、人才的培养和经济的发展才显得十分重要，而我们也一直在强调这一点。为了提升产品和服务的竞争力，获得更多的社会财富，实现社会繁荣，需要进一步重视人才的培养和知识的重要性。”

“随着时间的推移，大学变得越来越包罗万象，从早期培养统治精英的机构变为以创造才智为核心任务的场所。洪堡(Humbolt)这样说道：大学是为了在孤独和自由中搜寻真理。毋庸置疑，这一意识理念是欧盟大学取得成功的关键，但同时也使得大学和社会在互动中出现了一条鸿沟。现如今，大学所有的活动必须在与社会的对接中才有意义，也只有在与其他私立或公立的机构互动时才能为大学知识创造的过程引入创新意识，从而使大学更具竞争力。”

“因此，葡萄牙和其他欧洲国家大学，除了通过科研培养人才之外，都把与各类组织合作当作一个核心任务，尽管这些组织在性质上和大学并不一致。”

“创新可以理解为运用知识创造出的想法来获取更多的价值，包括商业价值。或者说这些知识的创新发展和运用创造了价值。

如果能使大学教育成为创新的关键一环，这完全可以算得上是至高的荣耀。

在阿威罗大学担任副校长的八年里，埃莱娜·纳扎雷教授推动了许许多多科研团队和各类社会组织的合作，促成了许许多多科研成果的转化。为此，她甚至主导建立了一个专门推动科技转化的机构——阿威罗大学科技转换所（UATEC）。

科技转换所是科技转换单位，其使命是保护知识产权和商业价值，培育创业精神，为促进企业创新提供支持，使得市场需求和技术之间得以匹配。

学校还建立了企业孵化器（IEUA），促进和支持创新业务和以技术为基础的项目的建立和持续发展，同时也作为催化剂，为创业的供应商提供服务。

一系列的工作使阿威罗大学成为葡萄牙在创新和科研成果经济转换方面的先驱，大学的各个学院和研究所都在为学术成果与企业合作作出贡献。

这些经由学校机制转化的科研项目不计其数，多到让埃莱娜·纳扎雷教授无从举例。大概是眼前的电脑刺激到她的记忆，她才提起这个已经融入葡萄牙人生活的项目——Sapo.pt。

阿威罗大学企业孵化器办公地点

SAPO公司成立于1995年9月4日，最初是由六名阿威罗大学信息中心的成员组成，那时的他们都还在学校里念书。SAPO（青蛙）网的名字来源于S.A.P（Servidor de Apontadores Portugueses，瞄准葡萄牙人的服务器），这个S.A.P与SAPO很接近，因此而得名。尽管互联网在1995年才刚刚起步，但作为副校长的埃莱娜·纳扎雷教授几乎毫不犹豫地将其纳入了学校的支持计划。

建立SAPO的初衷是由于葡萄牙国内没有像Yahoo或者Lycos等这样的互联网服务供应网站。在SAPO诞生之前，葡萄牙国内该领域大多由以上网站占据，但这些网站上葡语的内容少，且仅有的葡语内容安排较混乱，用户使用起来不太方便。为此，阿威罗大学决定建立一个完全提供葡萄牙语信息的网站，既方便本国的网络用户，又可以为国外的用户了解葡萄牙的信息提供一条途径。在设计的第一阶段，阿威罗大学开发了一个能自动并不断实时更新内容的网站模型，无论是对于网站用户还是对于网站维护者来说都是很方便的。

出于商业目的，1997年，SAPO并入Navegante互联网公司，该公司也是由阿威罗大学信息中心的六位学者建立的。由此，SAPO开始了商业化发展的道路。在1998年，求知休闲信息通信公司(Saber & Lazer – Informática e Comunicação S.A.) 从Navegante手里收购了SAPO。在那之后，SAPO变得越发专业化，运用各种新兴技术，如多媒体技术等，成为当时葡萄牙同类网站中的佼佼者。随后的几年里，SAPO提供了越来越多的服务，比如免费邮箱、网上购物，并优化了搜索引擎。

1999年4月，青蛙网站以葡语世界第一门户网站的身份出席世界互联网大会。同年9月，一家葡萄牙多媒体电信公司收购了求知休闲信息通信公司74.9%的股份。2000年3月，又收购了剩余的部分，这有利于进一步整合这几家企业的资源，为SAPO未来的发展奠定基础，SAPO也由此成了葡萄牙电信集团的门户网站，通过此举进一步巩固了它在葡语互联网世界的领先地位。在各方面技术成熟后，SAPO迎来了利用宽带提供服务的时期。2002年5月28日，SAPO XL面世，这是一个提供视频、电视节目转播的新频道。SAPO XL整合了多家媒体的资源，如葡萄牙电信 (Portugal Telecom) 和葡萄牙多媒体 (PT Multimédia)，并与多家企业签订了合作协议。最近，SAPO推出了SAPO视频 (SAPO Vídeos) 页面，和Youtube有点类似，用户除了可以在上面观看视频，还可以上传视频。同时，经过资源整合，用户可以通过SAPO视频实时观看葡萄牙各大电视台的节目。除此之外，SAPO还推出了博客，注册SAPO邮箱的用户可以开通博客。

如今www.sapo.pt已经成为葡萄牙最大的搜索引擎和综合网站，所涉及领域包括：搜索引擎、邮件服务、博客、新闻、视频、时尚、汽车、房屋、求职、票务等方面，是葡萄牙人日常生活不可缺少的网站，也是阿威罗大学科技创业项目成功的典范。

谈及这些创新和转化项目，埃莱娜·纳扎雷教授毫不掩饰自己的骄傲。

“回望一家公司、一个地区或者一个国家的经济发展历程，其中必然有成功，也有失败。一般来说，历史学家们都认为经济发展会促进知识的积累和运用，而也正是由于新的知识不断创造出来并运用到实际中，经济才实现了发展。”

“个人的能力是有限的，对于一个社会，积累并运用知识是十分有必要的，而这又与社会的经济背景和政治制度密切相关。莫克尔(Mokyr)指出知识分两种：理论的和实践的，这两类知识的结合则可以创造出“有用的知识”。近几年来，人们对于结合了理论与实践的知识的重视与日俱增，这类知识更加贴近实际运用，因此能够更快更明显地产生效果，社会发展需要的正是这样的知识。”

“然而，对于那些不能很快在实际生活中发挥作用的知识，也不能忽略。企业，特别是其研发部门可以走进大学校园，或者企业和大学可以在企业的科技孵化区共同进行项目研发，共享空间。双方之间的交流有利于实现知识技术的往来，明确自身的不足之处，并发现更多的机遇。”

20多年的时间里，埃莱娜·纳扎雷教授年复一年地参加学生的毕业典礼——“阿威罗大学每个部门、每个系、每个研究室里都有我教过的学生”。

或许，在她所未能提及的名字里，也说不定包括那个敏感、爱哭的女孩，也说不定包括那个有着消瘦的脸庞和身材、有很大很黑的眼睛并流露着美而忧郁气质的男孩。

SAPO网站图标

而这一切，我们都无从知道了，它只属于埃莱娜·纳扎雷教授

Diário de Aveiro

AVEIRO

TERÇA-FEIRA 8 de Maio de 2007 3

Cavaco Silva inaugurou pólo de investigação mundial da Nokia Siemens Networks em Aveiro

# Novo centro é «prova de que Portugal é país competitivo»

Receitas de 17,1 mil milhões de euros em 2006

Cavaco Silva diz que novo pólo é «a prova de que Portugal é um país competitivo»

葡萄牙总统阿尼巴尔·卡瓦科·席尔瓦（右二）参加阿威罗–诺基亚西门子科研中心揭幕仪式

一个人，只存在于她深深的怀念里。

在大学任教20多年的时光里，埃莱娜周遭充满了种种美丽的事物，每一种都有不同的光彩。教师的生活使她有了很大的不同，她已经了解，教育的美丽是无限的，而终此一生，她所发掘和改变的却只有那么一点点而已。

她并不满足，她做了一个伟大的决定，这个决定即将成为改变她自己、也注定会改变阿威罗大学的重要转折点。

2001年，埃莱娜·纳扎雷教授开始准备阿威罗大学校长的竞选大纲——即便不这么做，她也依然是一位伟大的女性。

# 第六章　第一位女校长

如果要好好讲述这段故事，必然绕不过故事的发生地——阿威罗。

阿威罗位于葡萄牙西部大西洋海岸，三面被海、河及潟湾环绕，如果没有河滩和海滩的频繁阻碍，它就能直通大西洋，充分发挥其地理优势，而河滩和海滩，如同一只铁钳，扼住了阿威罗。

这样的状况终结于1864年，这一年对于阿威罗来说意义重大——铁路建成了。

此后，海上、河流和潟湾分别通航，阿威罗附近由海盐、小河与沼泽组成的区域，也被一条波尔图至里斯本的公路贯穿，大大便利了阿威罗的城市交通。

阿威罗市作为阿威罗区的首府，在阿威罗大学创建时期，公路和铁路交通就已经十分发达。阿威罗区有着雄厚的工业和人口实

为校长肖像画准备的照片

力，为阿威罗大学的建立提供了良好的条件。1970年，阿威罗区成为拥有高比例工业人口的沿海区域之一，工业化程度居全国第二。

然而，阿威罗大学的生源大部分来自附近的市镇，北部市镇的学生大部分会选择在波尔图（Porto）大学就读。这种情况让阿威罗大学面临着如何扩大生源的挑战。

## 即将来临的她

从1973年开始，与阿威罗这个城市共同存在的，多了一所大学。

1973年12月15日，阿威罗大学正式建成，实现了阿威罗这座城市自20世纪60年代起就形成的关于加强大学教育的构想。

阿威罗大学自建校以来，有一段重要的发展时期，这段时期始于20世纪末期，阿威罗大学对科技突飞猛进的原因、科学理性主义和人文类科学间的关系进行了探究。在这段时期，阿威罗大学努力改变文化观念，转变单一的技术实用主义。很显然，这些探索为阿威罗大学的发展指明了方向。

时至1999年，人类并没有迎来诺查丹玛斯在《诸世纪》里描述的世界末日，全世界都在迎接千禧年。

而埃莱娜·纳扎雷，很快就要正式载入阿威罗大学的史册。她就像一滴水，穿过河谷，穿过山丘，从莫桑比克到里斯本到伦敦，最后从大河汇入阿威罗大学这个“大海”。

## 埃莱娜·纳扎雷和她的2002

时间进入2002年。

在这一年的第一天，欧盟正式发行了欧元纸钞和硬币。葡萄牙人和比利时人、德国人、芬兰人、法国人、爱尔兰人、意大利人、卢森堡人、荷兰人、奥地利人、西班牙人等一起，将手中的货币换成统一的欧元。

就在欧元正式踏入历史舞台后的第四天，一名15岁的飞行学员把一架小型飞机撞到佛罗里达州坦帕的一幢建筑物上。这件事情引发了人们刚刚平息不久的对“9·11”事件的恐慌。1月16日，一名学生在阿巴拉契亚法学院用枪射击了6人，造成3人死亡。4月17日，美国两架F-16战机在阿富汗击毙了四名加拿大步兵。5月25日，中国台湾“中华航空”611号班机自台北飞往香港途中，于澎湖外海空中解体坠毁，机上225名乘客及机组人员全部罹难。

全球化的洪流裹挟着地区性冲突滚滚向前，教育身在其中同样无法抗拒这股洪流带来的冲击。

这个时候，大家已经习惯称呼埃莱娜为埃莱娜·纳扎雷教授。

从曾经的那位沉静的、醉心物理学圣殿的少女，经历了离别和爱，经历了孤独和悲伤，从非洲到葡萄牙，从马普托到里斯本，从伦敦到阿威罗……她从女孩到成为学生、步入青年、成为妻子、成为老师，终于来到了她的2002年，飞速变化着的2002年。

在这一年，埃莱娜·纳扎雷即将迎来她人生最重要的转折，并开始对她而言最宝贵的八年。

## 第一位女校长

2001年的冬天，阿威罗大学即将迎来一年里最长的圣诞假期。有的学校，学生们已经放假，他们带着刚刚考完试或喜或忧的心情回到家中，父母为他们准备了丰盛的晚餐。一些商店前已经布置起了巨大的圣诞树，一年一度的圣诞购物季已经悄悄到来，巨大的“Sale”字样挂在品牌店的门口——“30%~70% off”。

在这个寒冷的冬天里，两条不起眼的新闻在阿威罗大学的学生中掀起了波澜，似乎比大选更令人关注。

其中条新闻是这样写的：

在接下来几天里，埃莱娜·纳扎雷会召开记者招待会，宣布自己成为校长候选人的消息。

根据目前的情况看来，她也将是唯一的候选人。

副校长卡罗斯·博雷戈（Carlos Borrego）也被提名，但目前无法确认他最终会否参选。

而前任校长雷纳托·阿劳若（Renato Araujo）和于利奥·佩德罗萨(Júlio Pedrosa)的支持将对埃莱娜的参选起决定性作用。

阿威罗大学委员会已经选出了选举团，并定于2001年12月5日进行选举。明年1月，伊莎贝尔·阿拉康将会停止担任临时校长一职。

在另一条新闻中，则更直截了当地阐述了这位新候选人对学校的作用：

阿威罗大学校长选举在即，任期为2002-2005年。

阿威罗大学委员会在2001年5月份选出，并在10月31号举行了第一次大会。

在会上，临时校长伊莎贝尔·阿拉康对目前学校事务做了总结，内容包括尚未完成的对学校章程的修改工作；北部理工学院和维赛乌（Viseu）学校的建立仍然有待政府批准；两次的大学招生工作，其中报满了83%的学位，最受追捧的是管理与工业工程学院的专业。

会上还决定了新校长的选举时间为2001年12月5日。如果出现多于两名候选人且无法决出获胜者的话，将于12月12日举行第二次选举。

在往年的这个日子里，外地来阿威罗大学上学的学生已经纷纷乘着火车或者飞机回到自己的家中。学校会因此显得更加安静、空旷，但这一年的圣诞，似乎有点不一样。

因为阿威罗大学的学生们还不知道，他们即将迎来阿威罗大学，不，是葡萄牙史上，第一位选举出来的公立大学女校长。

在这个距离圣诞节还有两个星期的冬天里，早早地就有记者进出校园，他们扛着“长枪短炮”，像是在跃跃欲试地期待着什么。而学生们也一反往日的归家心切，就连平日里喜欢在空闲时间靠打工来攒点小零花钱的男孩女孩们也回到了学校——因为比起早一天回家和兼职，有些事情似乎显得更为重要一点，即将到来的校长选举将关乎自己四年乃至八年的大学生活。

1月8日，刚印好的报纸被摆到了阿威罗街头，在报纸显眼的地方出现了这样一条新闻：

52岁的埃莱娜·纳扎雷于1月8日当选为阿威罗大学校长。

埃莱娜·纳扎雷将于1月8日出任阿威罗大学校长一职。在此之前，该职位由伊莎贝尔·阿拉康临时担任，校长一职的空缺是由于前任校长于利奥·佩德罗萨被任命为教育部部长而造成的。

埃莱娜·纳扎雷在阿威罗大学工作超过25年，熟悉这个学校的每一个角落。她接任校长一职所面临的最大挑战是，阿威罗大学近年来一跃成为葡萄牙最好的大学，在学生培养和创新方面颇有建树，因此，她需要努力保持这一良好的发展势头。

她还得面对前任校长于利奥·佩德罗萨留下的烂摊子，那就是推进北部两所学校的建设，这是阿威罗大学扩招计划的一部分。

是的，新闻中的埃莱娜·纳扎雷，就是那个曾经坐在马路牙子上发呆发了一下午的小埃莱娜。

没有人知道，埃莱娜·纳扎雷在踏上竞职演讲台，对着台下黑压压的学生宣讲时，她的心情是怎样的。

参加校长竞聘是因为埃莱娜·纳扎雷想为学校做些什么。

她觉得图书馆里的座位很逼仄，她对图书馆的借书制度异常地厌恶，她对同学们的素质感到忧心，她对他们每一顿吃的饭，每一堂上过的课有着自己的思考。25年后，她发现，如果有机会亲自管理学校的话，座位能不能更宽敞？制度能不能更人性化？每个人能不能变得有礼貌起来？吃的饭可以香点吗？在长长的思考后，埃莱娜·纳扎雷突然觉得，对这个自己深深热爱、并为之奋斗了25年的地方，如果可以，或许她能为它做些什么。

在某一年的夏天夜里，阿威罗大学附近接连出现了几起抢劫案，而受害者都是女学生。埃莱娜·纳扎雷认为，相比起学习，也许学生们作为一个“人”的权益更应该被保护和尊重，要让学生们有一个安全、方便的生活环境。

当时任副校长的埃莱娜对此事非常生气。她摇着头叹息道，要是有了学生宿舍，或许这些事情压根就不会发生。

于是，在经费不足的情况下，她着手推进阿威罗大学的宿舍建设。

这件事甚至上了当地的报纸，有媒体这样报道：

> 阿威罗大学新的学生宿舍本周正式开始投入建设，预计今年9月份能够完工并运行，宿舍里会有一个酒吧和一个多功能礼堂，同时还将作为阿威罗大学学术协会的办公室。

这就是埃莱娜·纳扎雷。

她会成为阿威罗大学历史的一部分，她想通过自己所做的事情，让这个世界——最起码让这所自己深爱的大学——美好起来，哪怕一点点，只要一点点，自己的所有努力就没有白费。

她决定参校长竞选。

于是，埃莱娜·纳扎雷女士就此走上了竞选的演讲台。面对着台下黑压压的学生，看着他们的眼睛，她猛地发现，这次演讲，跟以往任何一次讲课、任何一次会议、任何一次开学的发言都不一样：如果自己成功当选了，那么，这里的每一个人的学校生活，都会因为自己的每一个举动发生改变。或许，他们会因此多看一本书、会因此多邂逅一位美丽的姑娘、会因此吃到更好吃的午饭、会因此得到一个工作机会、会因此爱上一个人，甚至——因此会改变人生的轨迹。就像那个尽责的修女启蒙了她的思想，就像费尔南多教授为她打开了物理的大门，就像她的爱人教会了她爱情。

永远没有人知道，自己人生的下一秒会发生什么，而阿威罗大学在校师生的命运从这一秒开始，突然都与自己关联起来。

她还清晰地记得，曾有个姑娘把脑袋埋在自己的肩膀上哭泣。她想起自己过往的人生，曾经影响了很多人，但如今，将有更多的人被自己影响。从今天开始，当他们选择了自己，每一个人都会因为自己而被影响。

这一刻的埃莱娜·纳扎雷，从来没觉得自己的内心能像此刻那般丰盈。

她走上了讲台，对着所有看着她的年轻的目光，在2002年圣诞节后，在心里默默说出了她要对这个世界说出的话：你好，我来了。

**阿威罗大学：一个强壮、团结、有社会责任感的大学**[①]

知识创造和传播的平台，区域经济社会发展的重要支柱，具有国际竞争力的研究机构，这就是阿威罗大学！

作为示范性大学，阿威罗大学重点发展高质量、高水平的科学研究和知识创新，培养高层次的、具有国际视野的毕业生，以向国家和全欧洲输送人才精英。在全欧洲改革的大潮中，阿威罗大学必将提升学校管理，优化校园环境。

阿威罗大学的目标是：创新知识，深化研究，向社会和国民传播先进的思想；承担国际化培养的任务；在全欧体系下，发展区域性研究，为欧洲研究和教育体系贡献力量，在科学与教育领域中发挥先锋模范作用。

学校致力于成为一所大型综合类大学，培养校园文化中的

① 埃莱娜·纳扎雷教授竞选演讲大纲。

批判性思维，在研究和教育领域成为葡萄牙乃至全欧洲不可或缺的重要力量。

一、科学研究

大学应建立在教育和科学研究的基础之上，因此，知识的创新和批判性思维是阿威罗大学的核心培养计划。阿威罗大学目前已经有两至三个国际重点学科和四至五个国家级重点学科。

阿威罗大学的投资集中在人力资源上，学校不断进行政策上的调整，对优秀的研究人员进行补贴和奖励，从而激励研究热情；学校也积极招募有能力的人才，加入研究团队，共同参与学术创造。

此外，学校还将跨学科研究作为一个重要的学术方向，希望能取得突破。经验表明，在知识深化领域贡献最大的就是跨学科领域的发现。许多人类所面临的复杂问题——健康、安全、规划、自然灾害、老龄化、气候变化……都需要用跨学科方法来进行研究，因此，我们必须不断开发此项目，并侧重于不同领域知识之间的相互作用。

二、教学领域

受到葡萄牙严重的经济危机影响，教育方面的监管机制出现了严重问题，大学和理工学校的定位和任务不清，整个行业也缺乏前瞻性眼光。这些问题势必将导致国家经济的衰退。同时，在欧洲，只有大型的大学才有可能参与到国民经济的建议和决策层面部分，并且需要强大的资金支持。

在葡萄牙陷入严重的经济危机时，政府对投资和安全性的态度阻碍了教育事业的发展，导致社会对教育的错误认知加剧。为了经济利益，部分专科学校不惜一切代价开设了本科专业，却无法保证教学质量，造成了极大的浪费。在教育系统偏离轨道的现实环境下，阿威罗大学仍旧坚持办学理念，致力于纠正行业不正之风，帮助国家渡过难关。

阿威罗大学的基础教育已达到先进水平，保证入学率和提高理工科学生质量是学校的两大目标。高等教育阶段的人数不断上升。从2000年的83878人上升到2005年的87781人。

1.本科阶段

近年来，学校新设公共管理专业、信息技术和通信专业、语言和编辑学专业、语言与翻译专业、司法技术专业、生物医学与分子专业、生物医学和制药专业。在继续教育部分，扩大了原有的医学高等学校，并增设了老年言语治疗专业。成立于2004年的北阿威罗高等学校，其中前30名学生已考入了技术和产品设计本科专业，并获得了学士学位。

在课程改革的大环境下，阿威罗大学坚持让学生得到标准化教育。即在教学过程中，学生全程都可以得到教师的陪伴与指导，在科学的培养环境中得到优化和提升；学生还可根据自身情况和需要，申请额外培训和个别辅导；在欧洲学分互认体系中，学生可以进行出国交流，了解新的学术动态。

2. 研究生阶段

硕士教育模式建立在本科教育的基础上，并继续与欧洲学分互认体系接轨。学校继续保持着高水平的培训质量，以适应社会和市场的需要。硕士教育更加侧重动态培养，因材施教，并贯彻职业能力培训的理念。在全欧体系下，阿威罗大学开展多项与其他知名高校的合作项目，从而共同培养人才，这也阿威罗是大学的学校特色。

博士教育仍处于起步阶段，学校致力于制定科学的培养计划和营造良好的学术氛围。该阶段的研究生应拓宽视野，培养综合能力，不能只局限于其研究领域，因此，博士教育的重点是培养学生在日常的研究中提高自主学习的能力。博士教育也应从学校层次扩展到国家层次和国际层次。

3. 继续教育阶段

阿威罗大学致力于进行职业培训新模式的探索，尤其是在理工学科领域。学校的培养理念是：适应市场和大环境的需要；提高学生的动手能力；使学生达到欧洲认证的技能水平。培训合格并获得全部学分的学生，可以得到在本科阶段深造的学习机会。

4. 学校成就

提高学生学术水平一直是学校的重点教学目标。根据研究，在物理学和数学科目上，学生在前两年（基础阶段）所付出的努力是至关重要的，因此，多年来，学校为解决此问题进行了多次政策修改，例如延长图书馆开放时间，推行休息时间专人辅导计划等。

学校将继续致力于教学事业的改进，为学生提供最好的条件和服务。

三、合作

阿威罗大学积极为高等教育吸引优秀人才，本着终生教育的理念，为新学生提供选修多门不同学科的机会，并努力为满足学科发展创造条件。

- 与社会签约，促进科学发展

阿威罗大学将继续支持科学工厂项目，努力于夏招期间为大学吸引社会各年龄段的人才，尤其是年轻人。

- 文化环境

阿威罗大学通过若昂·雅辛托·德马加良斯基金会（Fundação João Jacinto de Magalhães）优秀的文化活动来推广大学形象，并在其中发挥着越来越强的作用，已成为地区文化发展的重要平台。

- 发掘知识的经济价值

大学参与到创新以及发掘知识价值的过程中已经越来越重要了。因此，阿威罗大学要以更为认真的态度发现企业的技术问题，并努力提出创新的解决措施。

阿威罗大学一直以来都肩负着为国家和地区文化、社会和经济发展作出贡献的光荣责任。

- 新的大众

建设一个公平团结的社会不仅需要为每位公民提供可以满足其职业需求的技能培训，同时还要努力帮助他们实现个人价值。阿威罗大学积极为高等教育吸引优秀人才，本着终生教育的理念，为新学生提供选修多门不同学科的机会，并努力为满足学科发展创造条件。

我们认为阿威罗大学职业培训与研究协会很好地承担起了激发学生学习欲望的责任。这不会对其他已存在的或是未来的相关机制造成影响。

葡萄牙在知识社会的表现根本上取决于每个公民对科学的重视程度。因此，我认为阿威罗大学在发挥知识的价值上有着关键性作用。

• 文化环境

多种多样的文化活动如展览、独奏会、音乐会以及其他类型的文化艺术展使校园充满活力。根据大学的责任，这是一个重要的领域。

阿威罗大学将继续对社会捐赠给学校的文档进行清点、保护和研究，以方便查阅。希望这些社会捐赠可以和科学工厂以及校园建筑一起增添阿威罗大学的魅力，吸引更多学子来我校就读。

• 发掘知识的经济价值

大学参与到创新以及发掘知识价值的过程中已经越来越重要。认识到这项活动的重要性，阿威罗大学在1999年创立了多个机构：企业孵化器、GrupUnave团队以及工业财产支持办公室。同时还在某些特殊领域运行的项目包括：IDAD、IEETA以及IT，这些项目都对发挥知识的经济价值具有重要贡献。

认识到该领域的情况复杂且困难，学校也推出了其他一些措施，包括成立技术转移中心，派研究院参加创业项目。

上述措施都需要有更多的合作机会来更好地发挥作用。因此，阿威罗大学要以更为认真的态度发现企业的技术问题，并努力提出创新的解决措施。这需要研究机构以及负责寻求合作机会的机构之间更为密切的沟通。

另外一项措施是参加Ciencinvest项目（由几家大学成立的

风险投资基金），该项目拥有一套战略及支持机制，来促进科研成果转变为经济成果。

四、组织结构和运行

随着学校规模的扩大，其日常运行的重要性也越来越凸显出来。一所优秀的大学同样应该拥有合理的组织结构来保障其正常运行。阿威罗大学就一直在此方面进行不懈的努力，以最好的条件来保证学校更为有效地运行。因此在这样的战略下，学校大力投资信息基础设施，来全方位保障学校的高效运行。

这些战略的成功实施得益于我校成功申请加入阿威罗数字校园计划，并得到了经济支持。如今，信息化校园所需的基础设备已经铺设安装完毕，每一个在阿威罗大学生活工作的人都能享受信息化生活。这些服务包括：校园全WIFI覆盖、中央数据库、线上学习新平台、网络工作整合系统、数字图书馆服务等。

上述大部分服务已经投入运行，成为阿威罗人生活中必不可少的一部分，还有一些服务尚在建设和调试阶段。今年，学校还计划进一步扩大信息化服务范围。2006年将是阿威罗大学转变和适应运行模式的一年。

这些技术转变的成功实现离不开广大学校工作人员的辛勤奉献，尤其是阿威罗大学标准运行办公室的同仁们，更是作出了突出贡献。

有必要指出，学校的成功信息化与其工作人员高超的知识水平和优秀的组织文化是分不开的。

同时，需要注意的是，此类信息化组织形式应该作为连接不同组织机构的桥梁，为建成一个统一的信息化阿威罗大学服务，实现100%WIFI、100%信息化、100%可查阅的目标。

从这些技术革新出发，学校希望可以促进校园管理的革新，在利用其带来的方便的同时，实现学校各级管理的质的革新。

● 组织模式

近年来阿威罗大学的组织模式不断得以巩固。学校的组织架构以学院为基础，各项职能由四个管理机构协调，包括科研机构、本科教学机构、研究所教学机构和理工教学机构。近年来通过明确科学和教育委员会和教学机构的职权范围，不仅深化了管理模式改革，而且强化了系主任（director de curso）和学院管理委员会主席（Presidente do Conselho Directivo Departamental）的作用。

这个组织模式的好处还在于，它让更多人建设性地参与到学校政策的执行中。

接下来，需要重新考虑这些教学机构之间的关系，深化三个教学机构之间的联系，将其合而为一，甚至将继续教育也纳入其中。同时考虑增设一个机构，行使社会合作管理的职能。这个机构将负责文化和宣传的协调工作，维持学校与阿威罗大学职业培训和研究协会与若昂·雅辛托·德马加良斯基金会的联系。

阿威罗大学主动创新，重视把知识转化为经济效益，各个科研机构之间联系紧密，包括研究单位、技术转让单位和企业孵化器。

● 管理

最近20年葡萄牙的高等教育经历了重大变化，尤其是从20世纪80年代开始经历了前所未有的增长，其面临的社会经济压力和政治压力也越来越大。尽管社会各界对高等教育的要求越来越高，但是在这方面的投入却没有相应的增长，导致社会期望值与机构科研能力之间形成了反差。

高等教育领域的专家提出，大学之间要设立一个能够及时处理和应对上述问题的机构。

这个问题的出现使得欧洲开始反省其大学管理制度，并尝试用不同的方式来解决问题。

总的来说，这些方式主要是简化决策流程、加强领导机构和院系的决策权。尽管形势复杂而且没有全无风险的解决方案，阿威罗大学已经准备好在这方面展开探讨工作。

早在四年前，为了让学校章程适应运行模式以及院系和决策机构关系上的变化，学校已经开始着手研究不同的高校管理模式。然而，由高校自治法（A Lei de Autonomia）规定的改变措施得不到实施，所以本应广泛推广的探讨工作也因此搁浅了。这些改变意味着学校章程也需要作出相应的调整，这是一个复杂的过程，因为没有明确的框架来指导如何执行这些新的规定。

阿威罗大学支持加强领导机构和院系的决策权，主张成立一个五人组成的战略委员会（Conselho de Estratégia），但其中大部分为校外人士。五名成员中一人是阿威罗大学的校长，还有一名校内人士，其余三人都应是校外人士。该委员会将由校长提议，经参议院批准成立。

尽管形势复杂，但是阿威罗大学仍将申请一次欧洲大学联盟的评估。这种评估会给学校运行、组织和管理三个方面带来提升。

五、其他领域

1. 国际化

深化国际合作，探索建立更加便利的学生和教职工流动机制和伙伴关系，将在接下来的几年里继续作为大学工作的重点。尤其是需要提供一些更加高级的英语课程。

需特别重视与欧洲大学之间的合作，加强研究生项目合作，积极加入大学之间的联盟。比如说，阿威罗大学作为欧洲创新型大学联盟（ECIU,创建于1999年）的一员，应该充分利用这个欧洲大学之间的博士合作项目。此外，阿威罗大学目前参与到"伊拉斯谟研究生交流项目"中的专业只有材料科学和高等教育管理，这个项目还可以拓展到更多的其他专业。

而在与葡语国家和伊比利亚半岛欧洲国家的大学合作方面，应该继续大力支持相关的交流和科研项目，比如利用"哥伦布大学联盟"（A Rede Columbus），加强与欧洲和拉美大学之间的合作交流。在此再次强调，阿威罗大学非常乐意加强与葡语国家的合作，包括非洲葡语国家、巴西和东帝汶。共同的语言和相似的文化背景，赋予了我们珍贵的文化遗产。

2. 学生综合服务

在学生综合服务方面，坚持采取机会公平和确保效率的策略。针对有困难的学生采取差异化的援助措施，尤其需要扩大社会基金的援助项目。这意味着需要考虑学生的表现，研究新型的援助模式，并确保学生综合服务能够合理实施。

同时需要采取措施解决以下方面问题：宿舍大楼的改造、运动场地建造、社会援助中心和校医院的扩建、加大学生资助力度、做好学生综合服务工作、促进学生加强社区项目、加强与课程机构的合作。

3. 三大校区：圣迭戈，阿格达和塞卡尔

最近三年，阿威罗大学的校区扩张之路走得并不顺利。尽管存在明显的需求，高等卫生学校、阿格达地区的技术和管理高等学校（实验楼和图书馆建设）以及包括艺术传播学院和物理学院的建设工作却一直停滞不前。唯一一个可能实现的项目就是实验楼的建设了，即便如此，该项目35%的建设资金还是得靠学校自己垫付。

因此，高等卫生学校和健康科学学院一直在临时地点办公，这显然是不行的。还有阿威罗北部分校及其各个职业培训学院都在奥利维拉·迪阿泽梅什（Oliveira de Azemeis）市政府提供的建筑里办公，而分校自己的大楼将位于塞卡尔地区，土地由市政府捐助并在未来几年内开工动土。

这也是学校的重大忧虑。学校将密切跟进这一事件，尽量改善目前的状况。而造成目前窘迫局面的原因在于葡萄牙正在经历复杂的经济形势，投资经费有限，甚至对里斯本和特茹河地区项目的经费进行了削减，同时还不允许学校向社会集资。

这种情况下，允许阿威罗大学在必要和可能的情况下，最大限度地利用自身优势向社会集资具有重要的战略意义，同时对学校的发展也至关重要，因为学校需要确保在医疗健康和优质教学建筑等重要领域有充分的资金投入。另外，为了改善校园环境，校内停车场和指示牌的问题也应重视起来。

六、结论

阿威罗大学能够继续保持作为葡萄牙最好的大学之一。

作为阿威罗大学校长的竞选者，我在此向大家承诺，将通过共同努力把阿威罗大学打造成为：

一所强劲的、富有凝聚力的大学，做时代的创新者和批判者，成为葡萄牙高等教育和科研必不可少的标杆，重视与非洲葡语国家、巴西和东帝汶的合作。

## 你好，校长

2002年1月8日，埃莱娜·纳扎雷就任阿威罗大学校长一职，成为葡萄牙历史上第一位被选为公立大学校长的女性。[①]

就职仪式朴实庄重。埃莱娜走上讲台，完成一系列文件签署之后，走向那个属于她的讲台。

尊敬的教育部部长先生；

尊敬的各位老师；

尊敬的古斯塔沃·考特拉（Gustavo Cautela）教授，我的挚友；

尊敬的议员；

尊敬的各位葡萄牙大学校长及副校长；

---

① 在此之前有公开大学(Universidade Aberta)的女校长玛利亚·若泽·费罗（Maria José Ferro），还有伊莎贝尔·阿拉康（Isabel Alarcão）在阿威罗大学校长离职后也曾短暂临时担任大学校长一职。

尊敬的理工学院院长；

尊敬的市议会议长；

尊敬的政府官员；

尊敬的科学院副院长；

尊敬的教育委员会副委员长；

尊敬的各位大学校委成员；

尊敬的各位来宾；

尊敬的大学联盟成员：

我现在感到十分开心，考虑到我就任职位的不容易，让我向出席此次仪式的各位表达我诚挚的感谢。接下来四年，我将在这所大学承担我的使命，因此我用了开心而不是自豪来形容我此刻的心情。

之前所面临的艰巨任务和五位前任校长所带领团队的突出表现，让我们深知这是葡萄牙最好的大学，这是一所在科研项目、理工教育项目方面有着优秀表现的大学。这个事实让人骄傲，并让我们不断去追求新的目标，巩固并发展它，通过严格管理、提升品质和强化责任使之成为培训、调研、文化互动上的先锋。有了大家的齐心参与，作为今天刚上任的校长，我们将明确路线，为未来四年树立目标。

当前葡萄牙和欧洲的经济形势使得加强葡萄牙高等教育的国际竞争力变得尤为重要，我们的持续招生和国内新增的学生数量，使得葡萄牙的大学在数十年来都成为关注的焦点。尤其是阿威罗大学，正遭受当前不利局势的影响，几乎没有能力开发项目，同时也受到一些不必要的观察和考验，我们可以看到大学已不复当年。然而，我们不想采取悲观的态度，我们可以通过努力、严谨、负责和自律的治学态度，克服一切困难。

因此，我们要重续之前的辉煌，主要是集中在阿威罗大学项目的建设上。在研究生的培养上，我们应在加强质量和战略计划上作出努力。自我评估作为培养项目的一部分，应该拓展到研究生项目上。对于失败教训的总结以及今后将采取的对策将继续成为我们的工作重点之一，同时我们将把对教师的培养和大学的形象塑造作为工作中心，即巩固大学的理工特色。我将坚定不移地捍卫它的品质，使之成为在平等基础上所有大学的领头羊。在大学实行终身培训是接下来四年的目标之一，尤其是将文章的评定作为重点。

调研方面，我们对社会现实和重要问题要有创新思维，比如说社会排斥问题，这是一个观念的问题。我们仍需要教育部将大学机构以及在新社区建立的理工教学联盟纳入计划中。这些都和当前的政治局势息息相关。保持大学的特色，随时准备好投入相关事业，追本溯源，明确事物的性质，是下一任期的规划。

尽管面临着来自个人、家庭和职业的一些压力，我们的同事依然义无反顾地加入到团队中，这正是源于对个人和学院的深刻认识、对大学项目的热情投入以及自己的远见卓识。

副校长费尔南多·迪格玛多斯（Fernando Digmados）有着丰富的学院管理经验，他不仅是教授和研究员，还在教学问题上有着深刻的见解，作为院长加入了由中央政府负责的各种科研组织和大学—社会比较项目。无论是在权威性上、学术性上、文化性上还是在企业活动上，费尔南多·迪格玛多斯教授始终是连接社会组织和学校团体的中间人。我们需要在研究生项目的多样化上作出努力。除了解学生准备工作外，还要了解职业表现所需要的潜质。新知识的获取和对事物本质的追求被贯穿于阿威罗大学的项目中。我相信在当前的科技和经济背景下，只有通过不同的调查体系和务实的工作，才能成功地融入全球化的进程。

弗朗西斯科·苏亚雷斯（Francisco Soares）教授有着十分丰富的阅历，他是调研所创始之初的元老级人物并为该领域作出了杰出的贡献，他深厚的学术功底和领导才能是他取得成功的重要原因。在工作市场快速变化的今天，我们的大学肩负着教育和培养青年人的责任。葡萄牙的大学正处于学生数量锐减的时期，面临着不同类型的艰巨挑战，因此，除了在欧洲教育区内提高就业外，我们还需要考虑到教育系统的竞争力。

安东尼奥·菲哈里欧·德奥美拉（António Ferrário de Almeira）教授的教学经验使得他作为副校长，始终投身于欧洲研究生教育区的初步培训这个艰巨的工作中。他致力于品质的保障，不仅体现在教学的过程中，还横贯于整个大学的质量管理中。

因此，所有初步培训计划的持续评估和研究生项目的改革是十分必要的。在最近的三年间，我们的大学在补贴贫困生项目方面取得了瞩目的成就。8年来，副校长从来没有推诿过任何工作，淡泊名利，同时作为院长，为校长团队作出了贡献，在学术传播过程中，他的无私和专业精神在其所研究的领域产生了良好的效果。

圣迭戈校区（即阿威罗大学主校区）如今作为国内和国际的先锋，是阿威罗大学的品牌，通过一些极具国家特色的建筑，深刻展现了阿威罗大学在项目建设中对现代化的诉求。这是一个需要专业知识、严格和专心态度的领域。

安东尼奥·丰塞卡（António Fonseca）教授作为院长，始终支持着校长团队的运作，多年以来为大学项目建设的质量保驾护航并努力使大学成为先锋。正是由于他的品质和专业精神才有了如今的大学，他不仅有着出色的表现，还有着长远的战略眼光。在最近的几年里，信息化服务和多样化进程都取得了显著的成果。

若泽·奥贝托·雷尔（José Alberto Real）院长以其出色的能力和严谨的态度加入此团队，保障了信息化项目和服务的实现与长期运作。

卡洛斯（Carlos）作为院长，是大学的元老，始终为大学默默地作着贡献。如今作为校长，我谨代表大家向各位在组织发展中作出的突出贡献表示感谢。就在今天下午卡洛斯教授收到了他一直关心的实验室问题的消息，亲爱的卡洛斯，您成功了，您的愿望将在两周内实现。

在一个特别的8月我见到了考特拉教授（Cautela），您的话语和慷慨让我远离风暴，受益良多。

尊敬的教育部部长儒里奥（Julho）先生，请允许我以大学校长的身份与您对话。您今天的出席以及您的品质使得这个仪式熠熠生辉，为此，我和阿威罗大学都感到骄傲。

一所大学是因所有人的付出而得以建成的，此刻我想赞扬所有校长团队成员为这所大学的荣光所作出的贡献，同时更要赞扬有着优秀专业水平的教师、员工为提升大学教学质量所付出的努力。

我们想到建成这所大学的不易，远程交流中心、调研所、科学委员会和教育委员会等都是我们的成果；我们想到教师和员工倾注汗水所完成的一项项创举，比如大学初步培训研究院等。没有你们，这个大学将不复存在。大学是一项工程，校长是脸面，我今天说阿威罗大学是先锋，意味着我接受葡萄牙杰出大学项目所带来的挑战。

作为阿威罗大学的校长，我将承担起对这个大学的使命，与各位同仁一起努力，使其成为培养、调研和文化往来上的先锋。一所大学是以严谨、品质和责任为标志的，并为她的历史、文化、意识形态和创造能力而自豪。

谢谢大家！

## 雷厉风行

就任之后，埃莱娜·纳扎雷校长做了几件事情，分别是：谴责葡萄牙政府、申请经费以及开展有条不紊的工作。

这位很酷的校长，简直如同双面人一样：对待政府时不留情面，对待学生时如沐春风。

而更有意思的是，除了这些枯燥的事情，我们的埃莱娜·纳扎雷校长像个严厉的家长一样发布了禁烟令；与此同时，还建立了爵士乐专业。

阿威罗大学的诸位学子迎来了新校长埃莱娜·纳扎雷的第一桩新闻。谁都没想到，这才刚过完年没多久，校长便展现出极其强硬的一面。

她将第一炮开向了葡萄牙政府。

报纸接连刊登了关于埃莱娜·纳扎雷炮轰葡萄牙政府的新闻，并冠以“政府惩罚好的大学管理”的标题。

文章提到，对于葡萄牙的顶尖大学，2001年政府教育经费削减更大。埃莱娜·纳扎雷校长在接受《经济日报》记者的采访中说，我们因为严格的管理而被政府惩罚。

报道还说，埃莱娜·纳扎雷还提到在她任期内的工作重点是，促进失业大学生再就业、加强职业技术教育、让学生顺利从高中过渡到大学教育。

除此之外，2002年至2003年一整年，都是在埃莱娜·纳扎雷校长新官上任的这“三把火”中度过的。

从一些摘录下来的新闻中，我们可以管中窥豹。

**阿威罗大学女校长确认目前存在财政经费困难**

创办阿威罗北部理工技术学校有待批准，学生对此表示担忧。

阿威罗学女校长埃莱娜·纳扎雷在2002至2003学年的开学典礼上说，当她得知高等教育在接下来几年里将被排除于财政预算之外时，感到非常忧虑和沮丧。

她说，随着学生的增多，政府在要求保证教学质量的同时却维持原有的教育经费，这是让人无法接受的。多年以来，阿威罗大学一直努力保持收支平衡，但是却不断遭受政府削减教育经费。

她还提到，原定于9月开学的北部理工技术学校，虽然政府已经批准了教学团队的成立，但是基础设施和设备的问题却仍然有待解决。

有这些担忧的并不只是埃莱娜·纳扎雷。阿威罗大学学术委员会领导若昂·古斯塔沃（João Gustavo）也公开谴责政府削减教育经费的行为。

除了一边斥责政府，一边申请经费，埃莱娜·纳扎雷也同时开展着其他工作。在就职半年后的夏天，她完成了两个季度的工作总结，而这些，都被记者忠实地记录了下来：

任职六个月后，埃莱娜对于其工作进行了总结，并提出很多要解决的问题，其中包括：

本科以及研究生课程评估工作，开设为高中毕业生提供职业培训的课程，经费预算和教研项目资助，设立新的分校和开设新的专业。

还有政府削减教育经费对大学造成很大影响，本来学校就面临经费紧张的局面。学校不能再忍受更大的开支削减，否则的话连工资都发不出来。

北部理工学院和维赛乌（Viseu）地区设立校区的问题依旧面临重重困难，等待政府的行政批准。如果这些项目行不通的话，政府应该及早停止。当初阿威罗大学是应政府要求，花费人力物力进行调研，如今政府突然说不做的话，大家的利益都会被损害。

如今大学只为百分之六的学生提供宿舍，埃莱娜希望能提供更多的大学宿舍，这样对学生更有好处。

她还谈到了应该如何应对日益严重的学术腐败、学生留级问题。

除此之外，埃莱娜·纳扎雷校长还积极接受来自各方媒体的采访。葡萄牙国家报纸就这样写道：

**阿威罗北部地区和维赛乌（Viseu）在盼望早日开设大学**

在埃莱娜·纳扎雷的任期内，将比前任少一个副校长，只有三位，而且这些人都是新面孔。

埃莱娜·纳扎雷在采访中表示，新上任的班子不会作出太大改变，主要工作是提高设备和基础设施的质量。并且使阿威罗大学继续保持作为葡萄牙最好的大学。她将大力发展生命健康科学，在该领域本科开设一到两个新的专业，研究生开设两个新专业。

目前阿威罗大学研究生的人数为640人，埃莱娜·纳扎雷的目标是让其数量达到学校总人数的20%，这意味着研究生人数将增加到2000人。

还有就是为失业的应届毕业生或本科生准备为期六个月或一年的短期培训班，这是为了增强他们的职业竞争能力，促进他们的就业上岗。

她还表示，政府削减教育经费不会影响到学校教学和学生，因为阿威罗大学在资金管理方面一直很严格，有能力应对这次危机。但是面对现状，大学也会谨慎考虑开支。

当被问及如何看待本科课程重新评估的作用时，埃莱娜·纳扎雷表示这样做的好处在于：寻求一个平衡，一方面是通识教育，另一方面则是从大一开始培养学生的职业意识。

也许学生们没有过多关注埃莱娜·纳扎雷在诸多场合反复强调的办学理念，但是他们却从某些地方，发现了校长的不一样，例如：这位校长竟然像每个会操心孩子的母亲一样，关心学生的吸烟行为。

2002年4月份，一份报纸这样报道：

**阿威罗大学想抑制吸烟行为**

阿威罗大学想减少大学生的吸烟行为，因此阿威罗大学的社会服务中心联合当地卫生分局，准备建立一个戒烟咨询中心。

虽然同样服务于阿威罗大学的教职工，但这个戒烟中心主要针对的还是大学生群体。根据社会服务中心的说法，大学生群体是最容易染上吸烟习惯的群体。

吸烟会引起严重的疾病，因此要采取预防措施，减少吸烟行为。其中第一步是普及关于吸烟与癌症发病致死率关系的知识。

同时在大学里设立一个戒烟中心，每周两小时，由一名专业医生和一名护士接受咨询。

埃莱娜·纳扎雷表示，除了正常教学，健康教学建设十分重要。

“为大学建立戒烟中心”这种事情，从某方面来说，确实能看出埃莱娜·纳扎雷的某种特质。而更为有意思的是，除了理工科专业，校长竟然还对音乐感兴趣。

2002年12月冬天，距离圣诞节只剩不到一个星期的一个夜晚，阿威罗大学举行了成立29周年纪念会。

在纪念会上，阿威罗大学授予作家欧热尼奥·利斯博阿（Eugenio Lisboa）荣誉教授的称号（Doutor Honoris Causa）。音乐家若泽·杜阿尔特（José Duarte）签署了捐赠合约，将在接下来的五年内逐步把个人收藏捐赠给UV，阿威罗大学将用这些藏品成立一个爵士乐研究中心，地点将设在阿威罗大学图书馆。

60年前，坐在书桌前的埃莱娜·纳扎雷一定不可能想到，有一天，她将以这样的身份获得这样的关注度。

在埃莱娜·纳扎雷沉静、强硬的手腕下，一件件大事发生在阿威罗大学，人们纷纷讨论着这位新校长，因为一切好像跟以往不一样了，他们突然发现，这位女校长，似乎，是有点本事的。

阿威罗大学，正在有条不紊地步入埃莱娜·纳扎雷心中的正轨。

可是，这样还不够，还不够，还不够！

一边痛斥着政府的埃莱娜·纳扎雷这样想着。这样的关注度只是开头，这位女校长，即将要进行她大刀阔斧的改革。

“我们应该飞得更高。”

在阿威罗大学31周年的庆典上，埃莱娜·纳扎雷校长这样认真地说道。

所有人都知道，她是认真的，但似乎所有人都忽略了，这个物理专业出身的女校长，较起真来，会较真到什么程度。

没关系，很快会知道了。

# 第七章 钻 石

2003年，埃莱娜·纳扎雷校长任期的第二年，全球化发展与区域性冲突依然如潮水般涌动前行。

《中国与东盟全面经济合作框架协议》在2002年底签署，中国—东盟自由贸易区建设正式启动。这是一个中国与东盟十国组建的自由贸易区，中国和东盟各国始于1991年的对话促成了一个巨大经济体的形成——东盟和中国的贸易占到世界贸易的13%，这是一个涵盖11个国家、19亿人口、GDP达6万亿美元的巨大经济体，是世界人口最多的自贸区，也是发展中国家间最大的自贸区。这一自贸区和欧盟（European Union）、北美自由贸易区（NAFTA）一道成为世界三大区域经济合作区。

两个月后，2月26日，一名美国商人在越南河内出现SARS症状，一名世界卫生组织的医生向该组织报告在该地区发生了一种极

埃莱娜·纳扎雷校长胸前的阿威罗大学校长徽

具传染性的疾病。这应该是个足够被后人深深记住的日子。2003年3月12日，WHO发布SARS全球警报。

全球化大格局的变化影响着经济，经济影响着教育，教育影响着阿威罗大学，阿威罗大学影响着埃莱娜·纳扎雷，而埃莱娜·纳扎雷，影响着阿威罗大学的每一个人。

“能力越大，责任越大。”这句出自好莱坞大片里的话，饱含着一种伟大的哲学，足够让人参悟好久——除了表面的意思，也许在不同人眼中，其内涵也不一样。

至少在埃莱娜·纳扎雷踏上宣讲台的一刻开始，在她眼里，这句话的意味就不一样了。

## 掌管戒律的雅典娜

雅典娜，也称帕拉斯·雅典娜，希腊神话中的奥林匹斯十二神之一，乌云和雷电的主宰者之一；智慧女神，亦是农业与园艺的保护神，她传授纺织、绘画、雕刻、陶艺、畜牧等技艺给人类；是司法律与秩序的女神，她创立了雅典第一法庭；她也是位女战神，抚养帮助诸多英雄。同时，她和阿耳忒弥斯、赫斯提亚并称为希腊三大处女神。在古希腊，她在各城邦都备受崇拜，尤其是在雅典，雅典城是以她的名字命名的，而且是她专有的城邦。

从某种意义上而言，在阿威罗大学学子眼中，埃莱娜·纳扎雷跟雅典娜似乎有那么点相像。

一样的公私分明，一样的待人慈善平和。她好比女战神，为阿威罗大学争取来数不清的好处，她在各个专业都备受推崇。

不同于普通校长的怀柔，这位女士用她强硬的作风践行了她"雅典娜"的形象，虽柔和，但绝不轻慢。在第一年对葡萄牙政府毫不保留地责备后，正值阿威罗大学建校30周年纪念之际，埃莱娜·纳扎雷校长抖擞精神，在采访中斥责政府不去制定大学学费征收办法，而是把责任推给了大学校长。她在采访中还说道，葡萄牙教育目前最大的问题在于中学教育，监管部门没有采取实质性的措施进行改革。

这位女校长上任后的第一把火，就烧到了政府身上，而且一烧，便是许多年。

政府决定把学费征收的决定权转给大学。阿威罗大学在全体大会讨论后，决定收取允许范围内最高额度的学费。但由于学生抗议，为了不给学生家庭带来太大的经济负担，最后只收取了最高额度75%的学费。

刚刚上任，就遭遇这样的困难，埃莱娜·纳扎雷为此非常困扰。

面对记者，埃莱娜·纳扎雷表示，教育是一项公共事业，政府有义务提供资助。她同时进行了说明：她公开抗议的一点是，政府没有履行其责任，制定学费价格，而是把责任推给了大学，这是一种不负责任的行为。

“大学校长不是政府议员。我们履行了我们的义务，也希望政府能够履行好他们的义务。”

埃莱娜·纳扎雷面对着镜头，冷静地说。

她的愤怒并不是毫无理由的。

根据葡萄牙现行的自治法（Lei de Autonomia），应该由参议院制定大学学费标准，但是根据资助法（Lei de Financiamento），学费标准则是由参议院和经济独立的大学共同决定。由于这两者本身就自相矛盾，因此法律规定上就显得非常混乱。

埃莱娜·纳扎雷对记者们说，学生抗议是自然而然的事情，甚至，从她自己的角度而言，还希望学生的抗议能够更加激烈一点，因为学生有权要求得到应有的东西。她冷静地说，希望政府能履行法律的规定，使经济困难的学生不会因为涨学费而受到影响。

对于教育部削减经费的事情，埃莱娜·纳扎雷则对记者说，这是完全没有道理的事情。教育应该是一项投资，而不是开支。而阿威罗大学由于有着良好的管理，开源节流，通过多元化的渠道获取经费，有能力承受这些经费的削减。因此，阿威罗大学能够理性地处理这件事情。但是，这并不代表她自身认同这样的措施，这样的措施本身就是错误的。

一石激起千层浪，埃莱娜·纳扎雷校长的言论在全国范围内引发了讨论。而在这样的情况下，她依然持续地发表着对葡萄牙政府的谴责。这让她的朋友感到惊讶，可是在她的家人看来，这却不是问题：因为他们知道，他们爱的人，就是这样拥有着超乎常人的毅力，并且要把自己的行为坚持到底的人。

除了对政府的谴责，埃莱娜·纳扎雷也对阿威罗大学的前途感到担忧。

同样是在阿威罗大学建校30周年之际，埃莱娜·纳扎雷表示，阿威罗大学是一所创新的优秀大学。然而2003年是艰难的一年，因为收到了来自社会方方面面的压力。她对记者说道，最大的担忧是一些大学专业爆冷，无人申请，包括工程类专业和师范类专业。同时她强调，应该借2005年葡萄牙将与欧洲高等教育文凭互认的机会，反思大学自身的教育体系。

此前在友人眼中安静寡言的埃莱娜·纳扎雷在任职校长后表现出的惊人毅力和活力，除了吸引了大批的媒体蜂拥前来阿威罗大学报道，更重要的是，她让所有的阿威罗大学学子明显感到这位新晋校长好像跟其他校长不太一样。他们开始关心这位新校长是谁，干过什么事情，可是在更多人眼中，她不像表现出的那般强势。

有学生这样形容埃莱娜·纳扎雷："她不怎么说话，"配合着语调作出手势，他说她"酷酷的，好像什么事情都知道，但是一旦决定了做什么事情，就绝对不会退缩"。

当时的埃莱娜·纳扎雷在大部分学生眼中，大概就是这样的形象：酷酷的，不怎么爱说话，具有强大的执行力和判断力，在媒体和政府面前强势得不像话；在学生面前，却又变回那个安静、不爱说话的纳扎雷女士。学生眼中这个酷酷的老太太，正在为他们默默做着事情。这些事情，就像纳扎雷女士本人，静静地影响着这所大学里的每一个人。

O ministro do Ensino Superior, Pedro Lynce, acerta com a reitora da Universidade de Aveiro, Helena Nazaré, a forma como vai funcionar o projecto-piloto de ligação à Internet sem fios. A Academia é pioneira nesta nova tecnologia.

Rodrigo Costa, vice-presidente mundial da Microsoft, um dos participantes no projecto "Campus Virtuais", em conversa com outro parceiro, Alexandre Bastos Gomes, administrador do Banco Comercial Português.

# Portugal abraça novas tecnologias

A Sociedade de Informação deu mais um passo para colocar Portugal no mapa das novas tecnologias. Um projecto arrojado vai disponibilizar portáteis nas comunidades académicas e permitir ligações à 'Net' mais fáceis e baratas. Depois da "Cidade Digital", a Universidade de Aveiro volta a inovar com o "Campus Virtuais", experimentando uma forma de comunicar sem fios.

Dois autarcas locais, Alberto Souto, de Aveiro, e Ribau Esteves, de Ílhavo, não deixaram de comparecer à apresentação da inédita iniciativa da Universidade de Aveiro.

José Luís Arnaut é o ministro responsável pela Sociedade de Informação e diz que "Portugal tem que saltar etapas se quiser acompanhar o ritmo da Europa".

O Reitor da Universidade Moderna, Britaldo Rodrigues, um aveirense, não quis perder pitada sobre as novas tecnologias ao serviço da comunidade académica. É que depois de Aveiro outras universidades se seguirão, uma vez que o Governo disponibilizou 25 milhões de euros para financiar os "Campus Virtuais" em Portugal.

埃莱娜·纳扎雷校长和各界人士在阿威罗大学信息协会成立仪式上。左上图为埃莱娜·纳扎雷校长与时任葡萄牙高等教育部部长佩德罗·林塞；右上图为微软全球副总裁和葡萄牙商业银行行长。

阿威罗大学的一座不起眼的三层小楼，是所有卸任校长办公的地方。这里保留着阿威罗大学首任校长办公室的原貌。已经卸任的埃莱娜·纳扎雷在这里评价自己八年的校长工作，用她一贯严谨而逻辑缜密的语言说，“在那些年，我做的最重要的工作，有四件事。”

## 数据系统

虽然面临种种困难，经历了30多年的发展，学校已经发展到1.5万余人的规模。开设本科专业58个，硕士专业40个，博士专业25个，涉及领域繁多，包括工程、科学、经济、管理、会计和营销、艺术、人文和教育。学校拥有18个研究单位，其中包括4个联合实验室和14个科学研究所。与此同时，阿威罗大学在阿威罗地区还拥有四个理工分校，为当地提供一系列相应的教育和职业培训。

在阿威罗大学的进程中，进入当代，最显著的一点就是：学生的数量在增加、教学的规模在扩大、科研的体量在提升。

除了学生的基数在提高，越来越多的学科也开始被开设：除了老牌的理工科专业，更多多元化的学科开始进入阿威罗大学。

规模壮大和学科多元化当然是好事，但让纳扎雷校长担忧的，则是阿威罗大学发展过程中的“臃肿”问题。

越来越多的学生和专业进入阿威罗大学这让管理变得越来越困难：互相不沟通的学院各自为战，没有能够统一查阅的数据库，跨学院间的合作、研究、教学变得困难而麻烦，最终招致的是资源浪费和效率低下。

更加重要的是，如果不进行调整，这种“效率的低下”将愈演愈烈，更加严重，在经费越来越紧张的背景下将会阻碍到学校的发展。

埃莱娜·纳扎雷很快发现了这个问题。但问题的关键在于，谁都知道治理水患堵不如疏，但并没有多少人愿意亲自扛着锄头去挖导流的明渠——那样做的成本太高了。

此前，并不是没有人反映过诸如此类的问题，但是最终的症结都归为：这样的事情再去做到底有没有可能？有没有意义？也并不是没有人提出过类似的设想，但很快他们发现这如古时给居民编户籍一样：每一年，乃至每个季度、每个月，人口的流动都是巨大的，单凭纸笔，其效率是低下的。而且就其作用而言，这永远都如纸上谈兵，也许这边刚刚把人口统计完，那边就已经大规模迁徙。同时，因为基数与数据的庞大，导致资料难以保存，新资料加入也很麻烦。虽然每个人都能看到这一工作的重要性与必要性，但是，却没有人来执行它，因为这实在是件吃力不讨好的事情。

这件事情，最终随着埃莱娜·纳扎雷上任，获得了转机。

当年，博洛尼亚进程尚未正式拉开序幕，但是，各大欧洲高校间已经建成了健康的交流渠道。在当时，埃莱娜·纳扎雷发现其他高校对于这种事情，有一种新的办法：依托于计算机。

他们搭建了一个数据库，这个数据库建立在服务器上。而数以万计的关于整个学校的资料——从一位清洁职员的年龄，到某某专业某某课的教案资料，从某位语言系女生的生日，到某某老师的爱人，从某位不太乖但很聪明的小伙子某份没完成的作业，到另一位借给他抄作业的好学生的成绩——所有这一切一切，都被无声地存储在网络上。每一个人——无论你是谁，校长、系主任、教员室主管、教师、学生，甚至是在校门值守的保安，只要你想，你就能在你的权限下查到你所想要的一切东西。

不需要翻箱倒柜，不需要专员维护，不需要一笔一画作记录，一切的一切，只需要打开电脑，登录一个简单的网址，然后，就像走进图书馆一样，你可以看到你想知道的关于大学的一切。

无疑，这正是埃莱娜·纳扎雷校长需要的。在第三次工业革命的成果下，此前困扰阿威罗大学数十年的难题将不再是难题：不需要专门霸占图书馆的一层楼，因为根本不会产生纸质资料，所以不需要定期更新纸质资料，每一秒钟互联网都会自己新陈代谢——而此前的阿威罗大学，还在为如何能在最短时间内记录下新同学的资料而苦恼。

她当机立断：这项工作必须立刻展开。

在埃莱娜·纳扎雷校长的主导和推动下，关于建立阿威罗大学数据系统的事情很快如火如荼地开展起来。很快，数以万计的数据都被录入到服务器上，种种此前看上去将耗费大量人力物力的工作，在服务器上被化整为零轻松解决。而在一个数据系统平台上作业，除了便利，还开发出许多新功能，最让人欣喜的，莫过于为教学评价打下了坚实的基础。

面对一个可以全面了解阿威罗大学的数据系统，作为校长，埃莱娜·纳扎雷主要关注三件事：不太正常的、特别好的以及特别不好的——“这是一个校长应该关注的方面，”埃莱娜校长说，这种做法使她能够迅速发现问题。但是，在发现问题后，她并不会立即采取行动，她会通知系主任，让他们去解决——“这是一个校长应有的姿态。”

事实证明，这也非常行之有效。在数据库的帮助下，学校的管理变得格外简单。此前遗留的一系列的历史问题被解决，更多的隐患被发掘出来，然后予以提防和根治。

除此之外，在这件事情中，埃莱娜·纳扎雷作为主导人物，显示出了她简洁并且强大的思维逻辑能力：出了什么问题，就想办法去解决，不要留一点问题。

当这种支撑她半辈子的强大逻辑落实到阿威罗大学，就形成了一种积极的作用，而这种作用，无疑是相当好的。

## 重点学科

随着第一位女校长的就任，阿威罗大学的老师、学生们发现，一些旧有的习惯正在被更改。

这所以理工科为主导的大学，在过去几年快速发展的过程中，越来越多的专业开始开办，如爵士乐和设计管理学专业等。

阿威罗大学正在变得越来越多元化。作为一个开放性综合类大学，无论你喜欢的是什么，是艺术还是文学、是哲学还是传统的理科，在这里都能找得到你的位置。

这当然是好事情。

对于大学而言，这意味着有更多、更专业、更富有个性的学生进入到大学学习。这是一个互补的过程，阿威罗大学给他们创造好的学习环境，他们也会反哺阿威罗大学。一代接一代的阿威罗人，从这里毕业，走向社会。

然而，对于大学的掌舵者而言，必须面对的现实则是，学校资源是有限的。

面对越来越多的学生，越来越多需要花销的学科和专业时，学校的发展速度会遭遇瓶颈；当有限的资源面对越来越多、越来越庞杂的学科和专业时，就会出现诸多之前不曾遇到的问题。

这种混乱的根源非常复杂，很难断定它是因为哪一方面的问题引起的。跨学院管理、师生的流动、不同层级之间的沟通、机构的臃肿，诸如此类，最终构成了资源分配的混乱、不合理。

政府本身的教育预算和教育投入不仅不足，而且还在削减。正是因此，埃莱娜·纳扎雷校长才会数度在公开场合批评葡萄牙政府，称其没有正视高等院校的利益——教育的投入不应看成是一笔开销，而应看成是一笔投资。

在阿威罗大学成立31周年纪念典礼上，埃莱娜·纳扎雷校长不得不再次强调教育经费又一次受到削减的问题。她表示，自从上任以来，阿威罗大学已经连续三年得不到应有的财政资助，而且其申报的一些项目还被以各种理由拒绝了。她毫不掩饰地表达了对政府做法的愤懑和不满："年复一年，我们得到的答复都是阿威罗大学已经够好了，不需要更多帮助了。"

相比之下，阿威罗大学资助额只占葡萄牙公立大学财政补助的6%。埃莱娜·纳扎雷抱怨道，这就是政府对我们多年努力和成就所做的"奖励"。

无论如何，大学总得往前走。如何在现有条件下让学校脱颖而出，获得更多的帮助，成为埃莱娜·纳扎雷校长关心的问题。

诚然，在埃莱娜·纳扎雷校长看来，每个专业都是应该平等对待的。就如同对学生一样，每个学生都应该得到老师的尊重、鼓励和爱护。然而面对这样的困境，埃莱娜·纳扎雷校长决定对学校的发展方向和政策做出一些调整——她决定做一些事情。

没有人知道当时她心里的感受是怎么样的。也许这样反复权衡的煎熬，是她此前50年来，无论是在莫桑比克、伦敦，抑或是在里斯本、阿威罗都不曾受过的。这不再只是她一个人的事情，因为，以前无论做出什么样的决定，自己的人生走得好或不好，结果只关乎自己。但现在不一样了，她所做的每一项决定，都将影响整个大学，影响那么多的学生。

跟建设数据系统不一样——建设数据系统，无论从哪个角度来看，都是一件有百利而无一害的事情，它能够切实地改善每一位阿威罗人的生活，无论是学生，还是校工，它都能为其带来看得见的便利与好处。

但是，埃莱娜·纳扎雷校长马上要执行的，却不一定对每个人来说都有好处。

为了让有限的资源更好地获得统筹分配，并且得到最大化利用，埃莱娜·纳扎雷校长谨慎地开始了她任期内做的第二件大事：调整和确定重点学科领域。

埃莱娜·纳扎雷明确宣称，阿威罗大学将主要抓几个发展前景很好，并且富有优势的重点学科。标准很简单：从学校内部看，这些学科已经发展成熟；从外部评价看，这些学科在葡萄牙，甚至在欧洲有明显的优势，这些学科可以充分地利用学校的资源来完成自己的项目和研究。并且，学校将对于这些领域学科给予最大限度的支持。

首批成为埃莱娜·纳扎雷执掌下的阿威罗大学的重点学科包括材料学、电信、环境、教育学。学校对于这4个学科相关院系的发展支持力度空前，这一点从博士生奖学金名额分配上就能体现出来——在全校一共20个博士生奖学金指标中，这4个重点学科可以获得15个。

这对于一直痛骂政府、财政可以称得上怎么节省都不够用的阿威罗大学以及埃莱娜·纳扎雷而言，是个相当慷慨的数目。

除了经费和资源的供给，埃莱娜·纳扎雷一边向葡萄牙政府和欧盟申请获得更多预算，一边替首批重点学科建设开路。学校为他们设置了更多、更宽敞的教学空间。除此之外，还设置专门项目，聘请国际范围内的高级专家到学校讲学、做研究，并与本专业的学生进行交流。

几乎是在用这项政策宣称，她会做她的前任完全不敢做的事情。

这种变化的好处自不用说，一些本来已经很优秀的学科获得了更多的发展空间和资源，能够更加顺利地高歌猛进。

但是，问题的另一方面是，阿威罗大学的教育资源，并不是真的那么那么宽裕。在调整了重点学科领域后，很多专业突然发现，自己本来应该得到的一些资源没有了，这些资源通过各种各样的方式被统筹了，然后划归到新的专业中。于是，随着重点学科领域的调整，一些被调整的学科的人们开始发出了他们反对的声音。

这其中，以语言学科为代表——他们频频向校长发出质疑：为什么同样都是教学，同样都是服务于大学，自己却不能获得跟重点学科一样的资源？难道我们不被同样地尊重么？

考验埃莱娜·纳扎雷的时刻到了。

在这反对的浪潮中，埃莱娜·纳扎雷一个接一个主动找到了反对的老师们。她开诚布公地跟他们谈起了这件事情。她诚恳地说明了学校的状况，并且分析了这项工作的利弊，最后，她真诚地表示，如果这些老师各自所在的专业有足够高质量的项目和计划，学校一定也会如支持重点学科一般全力支持。着眼于提升整个学校的实力和国际影响力，埃莱娜·纳扎雷甚至给出了和她性格一般强硬的略带“刺激”的说法：“作为非重点学科的老师，如果因为你们的工作使你们的学科成为了重点学科，提升了阿威罗大学的影响力，你们也将会得到相应的尊重。”

结果证明，这是一件好事情。

最直观的一点变化就是，阿威罗大学的影响力在不断地上升，它的世界排名往前跃升了好几位。

其中，最为让埃莱娜·纳扎雷感动的，是一位老教授。在一个几乎完全充斥着反对意见的讨论会上，这位德高望重的教授轻轻说了一句话：“我不知道你做得是对的还是错的，但是我支持你，因为你是我们一起选出来的校长。”

这句话，直接戳中了被称为“铁腕”的埃莱娜·纳扎雷的心坎，触碰了她心中最柔软的地方，给了她莫大的力量。她知道，在这里，自己所做的一切都是有意义的，都是被尊重的。

多年以后，当已经卸任的埃莱娜·纳扎雷讲起这段往事，我们看着她，她静静地看着自己眼前那杯红茶，突然陷入了沉思，她似乎回忆起了多年前那个刚刚上任、什么都不怕、一心只为学校的自己。

埃莱娜·纳扎雷在毕业典礼上讲话

那会儿的她，酷酷的，不怎么说话，学生们都怕她。她老是开着那辆老奔驰，就像携着一个旧世纪的芝加哥绅士出游。“他”和她，并肩走在阿威罗大学的每一寸土地上，像是巡视领土的将军。

她一定很怀念这样的她，多年前那个坐在马路牙子上试探世界的埃莱娜·纳扎雷、图书馆里默默读书的埃莱娜·纳扎雷、街心花园纯真浪漫的埃莱娜·纳扎雷、电话旁焦急等待的埃莱娜·纳扎雷、实验室里专心钻研的埃莱娜·纳扎雷，以及，听着身后实验室里轰然巨响急忙返回的埃莱娜·纳扎雷。

那些日子都回不去了。

然后她抬起头，看着我们。

“我们的问题，”录音笔静静地摆在她面前，“请问，在最开始，是什么支持你开展这项工作的呢？”

埃莱娜·纳扎雷很认真。

她说：“我觉得，这件事应该做，就去做了。”

## 高等教育法案

“2002年，整个欧洲开始了大学现代化的进程。”埃莱娜·纳扎雷这样说道。

这期间博洛尼亚进程开始进入实质性阶段，欧洲高等教育和大学教育一体化，学分互认和学分转化，跨校、跨国的本硕博连读等等可操作性的项目开始在欧盟国家范围内展开。

与之相应地，欧盟国家各个大学内部管理的现代化也大大提速。

同时，一项在欧洲各大学范围内展开的教学质量评估对保证和提升课堂教学质量起到了极大的推动作用。这一评估项目会对每所大学提出非常具体的改进要求。在阿威罗大学，这一评估从2005年一直持续到2007年。评估工作虽然琐碎而繁杂，但得益于这个项目，阿威罗大学的教学质量获得了巨大的提升。

由此带来的是学校的排名不断上升，这对任何一个阿威罗人而言，都是件非常值得高兴的事情。

毫无疑问，这是欧洲高等教育一个风起云涌的发展期。而在葡萄牙国内，高等教育政策却开始变得越来越与之格格不入。

2003年，政府意识到需要对高等教育的现行体制进行重大调整，这一调整将主要涉及学校内部管理和内部机制。

由于政府换届，这项调整一直被搁置，直到2007年，完整的法案才出台。

这项法律提到一些重要的调整，比如：

> 高等教育院校应当重视教师、研究人员和职工的学术活动，培养学生的智力和专业训练，并且创造条件使全体市民有机会接受高等教育和终身学习。
>
> 高等教育院校应该互相承认文凭，无论是葡萄牙国内还是国际的，尤其是在欧洲范围内。
>
> 高等教育院校应当独立地或者通过其他运营机构参与社会活动，以实现科研成果的价值转换，包括商业价值。
>
> 高等教育院校包括公立院校和私立院校。公立高等院校体系的建立权利归国家所有，以保证满足全国的高等教育需求。宪法和本法律保证私立高等院校建立的权利。

> 高等教育院校可以根据需要与其他院校建立联系和合作，实现学生和教师的交流互换，分享教学资源和设备等。

这些内容无疑是葡萄牙国内长期以来争论的内容。而更为具体地针对学校管理，这项法案提出了明确的法律性要求：政府将建立一个大学评估组织——这个评估组织针对全国范围内的所有公立大学。大学所能获得的资金投入，将完全取决于这个评估组织的评估结果。

这项法案还明确规定，大学应当建立由15—35人组成的管理委员会，由这个委员会选举产生校长；副校长3—5人由校长提名任命。同时，一个非常重要的改变是，这项法案明确规定，大学校长可以由非本国国籍人士担任。

埃莱娜·纳扎雷本人是这项法案的坚决支持者——这些措施如果得以实施，那么会在很大程度上减少葡萄牙融入欧洲大学一体化进程的阻力。

面对这项法案，即便是若干年之后，埃莱娜·纳扎雷回忆起来依然在叹息："当时我们面对非常大的困难。"

关于这项法案，在当时的阿威罗校园里，立即掀起了一场大规模的讨论。数场辩论被安排公共场合进行。甚至有人为此到教育部申诉。

作为一个从教30多年的老师、作为一位葡萄牙新一代公立大学的校长，埃莱娜·纳扎雷深知此项法案的意义。

在接下来的一个月时间里，埃莱娜·纳扎雷多次参加关于此项法案的各种讨论，和学校许多的老师、同学、公职人员谈话。在语言学院，她面对60余人共同提出的质疑，用了两个小时的时间去解释为什么需要支持这项法案。结果是，老师们表示，“我们仍然不知道我们是否应该支持这项法案，但是，我们支持你”。好吧，如果事情的发展依然让人迷惑，那至少校长是值得信任的，她想明白了就好。

“这项法案确实是一个很好的方向，”埃莱娜·纳扎雷笑着说。也许多年以后，在她看来，当年的困难都已经可以全然付诸笑谈，但是，有多少人知道，当年埃莱娜·纳扎雷几乎是一个人扛着全学校的辛苦呢？

一边做着内部沟通的工作，另一边，她在争取外部资源方面也毫不含糊。

她数度在公开场合严厉指责葡萄牙政府，语气凛冽，毫不留情面：“教育是一项投资，而不是支出，你们这样的做法，真的是支持大学吗？”

如今，阿威罗大学的一些教授想起来，依然觉得，那会儿的埃莱娜·纳扎雷雷厉风行，豪气冲天。

## 博洛尼亚进程

相对于高等教育法案，关于博洛尼亚进程的讨论显得更加艰难和漫长。

博洛尼亚，位于波河平原南缘、亚平宁山脉北麓，是意大利最古老的城市之一。博洛尼亚城市不大，建筑也不高，没有巴黎那样有风韵，但整个城市显得很朴实。这里建筑的外墙色彩犹如莫兰迪油画色彩的调子，土红的、黄灰的、紫灰的，那些鲜艳的颜色组合在一起，色彩对比是很强烈的，但给人的感觉却是淡雅的，特别是早上的阳光照在上面，那种透明令人愉悦。

这座城市因与之同名的大学而闻名于世。

博洛尼亚大学(University of Bologna)是西方最古老的大学，与英国的牛津大学、法国的巴黎大学、意大利的帕多瓦大学并称为欧洲四大文化中心，被誉为欧洲“大学之母”。

在1988年博洛尼亚大学建校800周年的庆祝典礼上，世界上几乎所有大学的代表们都汇聚在博洛尼亚，共同为“大学之母”的荣誉而欢呼，他们承认博洛尼亚大学是他们的根源，这一天成为了国际性的学术节日。

博洛尼亚大学一直保持着世界文化学术界的中心位置，直到二次世界大战的爆发，才使得研究和教育的重心被转移。然而在发达国家的教育体系不断更新和发展的过程中，它一直起着举足轻重的作用，成功地引领了欧洲大学制度的改革。

1999年6月19日，在博洛尼亚大学的大教室里，欧洲29国的教育部部长共同签署了被称为《博洛尼亚宣言》的条约，建立了欧洲高等教育区，并在世界范围内推动其发展以提高欧洲大学的竞争力。

“博洛尼亚进程”的发起者和参与国家希望，到2010年，欧洲“博洛尼亚进程”签约国中的任何一个国家大学毕业生的毕业证书和成绩，都能获得其他签约国家的承认，大学毕业生可以毫无障碍地在其他欧洲国家申请学习硕士阶段的课程或者寻找就业机会，实现欧洲高等教育和科技一体化，建成欧洲高等教育区，为欧洲一体化进程作贡献。

为了消除欧洲国家之间学生流动的障碍，提高欧洲高等教育在全世界范围内的吸引力，这一以欧洲最古老大学命名的计划意在搭建一个欧洲范围内高等教育系统的共同框架：

——建立容易理解以及可以比较的学位体系。也就是说，通过“博洛尼亚进程”，在欧盟各成员国的公立大学之间建立起一个统一的、可以相互比较的学位体系，所有开设的专业都有可比性，便于各个大学之间对每个专业的相互理解和认同。

——建立以本科和硕士为基础的高等教育体系。这是欧盟高等教育历史上第一次提出加强硕士学位课程教育。将过去的本科加博士的高等教育模式改为美国式的本、硕连读模式，其目的是要突出专业人才的培养。在欧盟境内大学本科教育逐步走向普及的前提下，21世纪的政治、经济、社会和文化发展，更需要硕士层面的专业人才。《博洛尼亚宣言》从根本上为欧盟社会未来发展搭起了人才培养的新平台。从而也消除了多年来欧盟的政治家们和教育工作者们的第二个担忧：科技落后于美国的事实。

阿威罗大学在总体规划上与博洛尼亚进程有着不同程度的吻合。也正是因为这个原因，让埃莱娜·纳扎雷意识到了它的重要性。

——建立欧洲学分转换体系（ects，简称ECTS）。统一的学分制是欧盟高等教育走向统一和互认的基石。这个学分制彻底改变了传统学分制的理念。传统的学分代表着一个学分相当于多少学时的课（即上课时间），而新的学分制，一个ECTS学分意味着25个学习小时，其中包括5小时的上课时间、12小时的课外作业和社会实践、7小时的老师辅导、1小时的考试。

——促进师生和学术人员的流动。实施博洛尼亚进程以后，欧盟各公立大学的学生和教师都可以到其他欧盟大学学习或任教，所有这类学习或任教都能得到学生和教师所在大学的认可，从而极大地推动了师生和学术人员在欧盟大学之间的流动与交流。为此，特别建立了伊拉斯谟学生互动项目（ERASMUS）和苏格拉底教师互动项目（SOCRATES）。

——保证欧洲高等教育的质量。统一的欧盟高等教育体系，其最终目的是为了保障欧盟各大公立大学的教学质量以及所培养的人才具有足够的竞争力或科研能力，从而能够缩小欧盟与美国之间在科技发展领域的差距。目前的情况是，欧盟成员国的1800多所大学，其教育质量参差不齐，优劣各异。相信通过博洛尼亚进程，可以彻底改变这样的现状。因为统一的欧洲高等教育体系互认的学分和学位文凭，为高等教育领域引入了竞争机制，学生选择大学的余地和空间更大，流动性也更大，可以广泛地进行各大学教育质量的比较，从而选择到教育质量更好的大学学习。这样一来，就会促进高等教育质量较低的大学进行改进，以提高其教育质量。

——促进欧洲范围内的高等教育合作。《博洛尼亚宣言》也为欧盟范围内各个大学之间的高等教育合作提供了一个广阔的平台，具体表现在合作办学、共同颁发文凭等方面。这种合作主要集中在硕士学位层面上，比如，葡萄牙一所公立大学可以非常自由地选择欧盟境内的任何一所大学共同创建一个硕士学位课程，学生可以在两地的大学学习，获得两个大学共同颁发的文凭。这种合作为培养复合型和跨国型人才开创了新的教育模式。

毫无疑问，这是一个宏大的愿景，而且让人激动的是，它正在欧盟各国强有力的推动下变为现实。

截至2005年，欧洲有36个国家签署了《里斯本公约》，45个国家签署了《博洛尼亚宣言》。

根据加入“博洛尼亚进程”需要履行的义务要求，签约国家基本能够根据《里斯本公约》和《博洛尼亚宣言》的内容要求积极采取措施，改进国内教育体制，完善教育设施，建立必要的机构以保证落实公约和宣言条款。根据有关部门提供的评估报告，这些国家的工作情况比较令人满意，特别是在实行三段式高等教育体制、为学生提供《文凭说明书》和建立健全高等教育质量保证体系等各个方面取得了重要成果。

对于博洛尼亚进程，埃莱娜·纳扎雷从一开始就是坚定的支持者。

深谙历史的埃莱娜·纳扎雷在博洛尼亚进程面前，首先触碰到的，是葡萄牙历史的神经。

公元1500年前后的地理大发现，既标志着一个真正的全球竞争时代的来临，也拉开了葡萄牙和西班牙称雄世界的序幕。然而，好景不长，仅仅在一个世纪之后，这两国就迅速衰落了，并在相当长一段时期内成为欧洲相对落后的国家。其中，教育的起落在两国的兴衰过程中起到了不可忽视的作用。

葡萄牙、西班牙两国的国力由弱转强，“是智慧战胜人和自然界任何蛮力的范例”。伊比利亚半岛上这两个帝国的兴起，在很大程度上“依靠的是条例、地图、等高仪、科学方法、严格的组织纪律性，说到底，是依靠人的文化素质和组织者的智慧，而不是依靠长矛、护身甲、大口径舰炮以及使用它们的激情”。而这里所谓“人的文化素质和组织者的智慧”肯定离不开教育。当时，以哥伦布的故乡意大利为中心的文艺复兴运动方兴未艾，并波及葡、西两国。哥伦布等人的探险精神，与文艺复兴运动所倡导的“人的解放”教育密不可分。同样重要的是，虽然哥伦布等人航海所依据的知识并不完备甚至还有错误，但如果没有知识的支撑，哥伦布等人的探险也就仅仅是盲目的冒险而已。不管他们是否接受过正规的学校教育，他们的成功都离不开当时南欧发展大背景中的教育。葡萄牙王子恩里克创办的航海学校和西班牙首相希斯内罗斯创建的阿尔卡拉大学都曾在两国的发展中起了很大作用。正如葡萄牙当代一位教育家所说：“学校犹如灯塔，它指引一个国家、一个民族的航向。”

至于这两个帝国的迅速衰落，除了统治者好高骛远、穷黩兵武、四面树敌并对宗教“异端”残暴镇压之外，教育方面的因循守旧和停滞不前也是重要原因之一。美国著名历史学家保罗·肯尼迪在《大国的兴衰》中探讨西班牙衰落的根源时指出，当时“西班牙一再采取错误的措施”，他一共列举了六条，其中第二条就是“与国外的大学中断联系”。“尽管西班牙力量的削弱到17世纪40年代以后才表现出来，而造成这种力量削弱的原因则在几十年前就已经存在了。”

历史的经验无疑让埃莱娜·纳扎雷在这一欧洲高等教育一体化进程面前显得异常果断。这不仅对于阿威罗大学，对于整个葡萄牙的高等教育也是一次历史性的机会。

毫无疑问，博洛尼亚进程对于整合欧洲现有的高等教育资源，优化教育质量，推动国际间学生和教师的交流都具有推动作用。而埃莱娜·纳扎雷敏锐地看到，根据博洛尼亚进程，欧洲高等教育的模式是建立在知识水平和竞争力共同提高的基础上，而非单纯的传授知识。这些措施将有利于增强欧洲高等教育在世界范围的影响力和实力，特别是在当前欧洲多国经受经济危机困扰，政府财政吃紧，对教育的支持力度下降的背景下，这种合作就显得尤为重要。对于葡萄牙来说，这有利于进一步融入欧洲一体化进程，促进本国优秀人才的对外交流以及外国人才的引进。

同时，博洛尼亚进程对葡萄牙的学生也提出了新的要求。学生作为学习的主体，对学习的态度应更积极主动。对于博洛尼亚进程在欧洲一体化背景下提出的目标，学生要以更加开放的心态去面对不同国家大学以及大学和社会之间的互动。

埃莱娜·纳扎雷知道，要完成这些改变并非易事。但这一次，她显得沉稳和自信许多，她积极、谨慎、持续地投入到了这件被她称为“第四件重要的事情”的工作中。

反对的声浪依然很高。

虽然《博洛尼亚宣言》已经提出数年，但很多教师依旧“不太了解”宣言提出的到2010年要达到的目标。尽管该宣言由数十个国家签署并已生效多年，但很多大学教师和学生对这项全新的教育体制了解不多，积极性并不高。

为了使本国的高等教育体系与全欧洲接轨，葡萄牙和其他很多国家一样都对本国的大学教育系统进行了改革，比如缩短学习年限，学生们要在现有的时间里完成和以前一样的课程量，这无疑增加了学生的负担。而也有人认为博洛尼亚进程在某一些方面过分强调大学和社会、市场的对接，使得高等教育偏离了初衷，不利于学生们真正学到知识。另外，学费上涨、政府财政对高等教育投资的缩减，使得学生经受着日益沉重的经济负担，葡萄牙甚至出现了学生集体抗议的情况，更有部分葡萄牙媒体称博洛尼亚进程对学生来说是一场“骗局”。

对于很多大学来说，为达到《博洛尼亚宣言》的目标，缩减教育开支是不利的，大学为了继续生存，不得不寻求私人资金，这有可能导致教育的商业化。另外，三年制的大学教育和葡萄牙国情不甚相符，学生们经过仅仅三年的学习就进入市场，尚未做好准备，不能满足市场的需求，劳动力的质量势必受到影响，同时也不利于缓解现阶段较高的失业率。

与往常不一样，除了单纯的反对，经历了几件事情以后，阿威罗人已经学会了一件事情：认真地讨论。

伴随着各种声音，关于学校应否加入到博洛尼亚进程的讨论进行了整整一年。在这一年的讨论中，涉及了校长、系主任、老师所有层面，每个人都为这件事上过心，就像曾经他们票选出自己的校长一样上心。

事情也越来越多地朝着埃莱娜·纳扎雷预期的好的方向发展——不仅在阿威罗，而且在整个葡萄牙，尽管每所大学有各自的想法，但大都采取了较积极的措施。

如波尔图大学对博洛尼亚进程大体上持积极态度，2006至2007学年，该校对部分课程设置进行了调整，在2008至2009学年最终完成调整，在2009至2010学年根据新的模式进行教学活动。同时，波尔图大学的招生政策并没有出现大的调整，而大学之门对于那些超过23岁，但没有拿到高中文凭的人来说，也是开放的。

里斯本大学也对自身的课程设置做出了调整，其中化学科学学院被欧洲化学主题协会评为欧洲该学科本科领域的示范学院。另外，里斯本大学也意识到，能否融入博洛尼亚进程，很大程度上取决于教师的素质，因此加强教师团队的建设是里斯本大学的一个重点。

科英布拉大学于2008年正式加入该进程。为了促进博洛尼亚进程在科英布拉大学的实现，2007年，科英布拉大学博洛尼亚进程观察机构成立，由该校副校长全权负责，全校八个学院教学理事会均有代表参加。

2006至2007学年，毕业自阿威罗大学的研究生是该校第一批按照博洛尼亚进程教学模式培养的学生，在此之前，埃莱娜·纳扎雷执掌的阿威罗大学已经对29个研究生专业进行了课程调整。由于课程年限缩减至三年，细化、强化第一年的学习成为调整的重点之一。为了对教师队伍进行调整，阿威罗大学创立了UNAVE和Programa FADES两个项目。

回忆起那段日子，埃莱娜·纳扎雷说，那真是非常不容易的几年。

这几年的收获不仅在于学校融入欧洲高等教育项目的阻力越来越小，在娜埃莱娜·纳扎雷校长眼中，她更看重另一种收获。

“在这一年里，数不清的人在为此做着大量的工作。这让学校老师之间有了很多的沟通和交流。”

这种交流是如此的宝贵，让埃莱娜·纳扎雷感到欣喜和欣慰，她突然发现，其实一直以来，学校就是缺乏这样的交流。当这种跨越层级、超越群体的交流碰撞出了火花，学校才有进步的可能。

阿威罗大学在国际合作与交流的道路上高歌猛进，与欧盟国家的大学、与亚洲国家的大学、与世界范围内各大学的交流越来越多。

多年以后，当我们坐在埃莱娜·纳扎雷的办公室，聊起那时的决定，她依然感觉无比庆幸。“欧洲的大学都很相似，遇到的问题也很相似，这需要我们打破国界，扩大领域，共同处理。”曾经造访世界各地的埃莱娜·纳扎雷对此感受尤为深刻。

阿威罗大学学术报告厅。埃莱娜·纳扎雷在这里宣誓就职

同时，更为重要的是，“全世界任何一所大学都有一个共同点，就是要对世界的未来负责、对下一代负责。因为我们培养出来的人，将领导这个社会”。

时光穿堂而过，她像是又变回了那个站上宣讲台的人。

那个什么都不怕的埃莱娜·纳扎雷。

## 喜爱钻石的女校长

前任校长、现任教育部部长于利奥·佩德罗萨这样评价埃莱娜·纳扎雷教授：她是一名成绩有目共睹的优秀大学老师，她博士毕业于伦敦大学国王学院物理系，在固态物理学领域取得了显著的成就。她不仅非常了解阿威罗大学的现状，还清楚世界上大学教育的发展情况；不仅拥有丰富的教学和科研经验，而且在阿威罗大学两任校长雷纳托·阿劳若教授和我自己的任职期间，她都担任了副校长一职，承担了重要的职责，尤其在促进大学与企业合作以及科

阿威罗大学会议室里历任校长的画像

学研究发展方面发挥了很大作用。因此我确信，阿威罗大学如今迎来了一位知识经验丰富并且甘于奉献的女校长，她的才能、经验和优秀品质，将保证这所大学有一个美好的明天。

而葡萄牙媒体则用“喜爱钻石的女校长”来评价纳她。

> 女教授埃莱娜·纳扎雷接替了阿威罗大学前任校长、现任教育部部长于利奥·佩德罗萨的职位，也成了葡萄牙第一位担任公立大学校长一职的女性。这位女校长毕业于物理专业，已婚，有两个孩子，家里还有三条小狗。尽管她本人并不信奉星座，却被人们认为是典型的狮子座。虽然钻石象征着迷恋，但是作为科研对象，在她眼里终究只不过是一种半导体元器件而已。

在埃莱娜·纳扎雷的研究课题里，作为半导体，钻石是一项非常重要的元素。

埃莱娜·纳扎雷非常热爱这种碳历经千锤百炼后产生出来的材质：晶莹、美丽、坚强。

不是爱着它的美丽，而是爱着科学世界里的它。

这八年的埃莱娜，乐于奉献而不可或缺，就像她所热爱的钻石一样，闪闪发亮。

# 第八章　交　响

从2002年到2009年，历史正以一种前所未有的速度前进着。

在这时光流转的八年里，要从欧洲找出认知度最高的一个词汇，也许只有“欧盟”才配得上吧。欧洲一体化像是冲进21世纪大门的火车，让历史沸腾，是摧枯拉朽般的风暴。但凡有“共同体”的地方，世界历史必将留下浓墨重彩的一笔。

2002年，新年伊始，作为欧洲经济一体化的重要标志，欧元正式进入欧洲市场流通。其诞生标志着欧盟以经济的、政治的、和平的渐进手段逐步迈向统一，各成员国自愿让出自己的部分主权，包括货币主权，欧元的问世便是这一进程的必然结果。毫无疑问，欧元将提升欧洲在新世纪国际经济贸易格局中的地位，必将给世界经济贸易和国际货币体系带来意义深远的影响。

自1993年欧盟正式成立以来，其发展和扩大可以被描述成一个

摄于2012年

“协调——趋同——统一”的艰难历程，自始至终遵循着一种内在的、逐渐推进的逻辑法则，环环相扣，水到渠成。建立自由贸易区促成关税同盟，关税同盟催生统一大市场，统一大市场需要经济货币联盟和政治联盟。由此可见，欧盟一体化进程的每个阶段既是承上的结果，又是启下的引子。

欧元的意义也在于此，它的产生构成了新的动力，推动欧洲走向更高层次的联合。

在这样一种不可阻挡的经济联合大背景下，推动欧洲教育联合发展，不仅是现实的需要，也成为历史的必然。欧洲大陆上的高等教育，伴随着经济、政治的一体化，开始了一个澎湃崛起的一体化过程。

## 从伊拉斯谟开始

现代欧洲高校合作的开始可以追溯到1974年。

1974年和1976年，欧共体最高机构——欧洲理事会先后发表了两份《欧洲理事会决议》，对欧共体的教育政策，特别是对高等教育区域合作政策做了清晰的说明，提出要加强各成员国之间大学的合作；促进各成员国之间相互承认学历文凭和修业年限；允许人才在欧洲地区自由流动；统一各个院校记录学业的标准；各成员国教育部部长及有关政策的制定者应定期召开会议，对重要问题及时磋商，制定相应措施。

1975年，欧共体为欧洲高等教育合作制定了原则，使人员可以进行有组织的大规模自由流动。两年后，又推出了"合作学习课程计划"和"短期学习访问计划"，对欧共体国家大学之间的合作办学和开发课程以及实施大学生和教师的跨国学习和短期访问做了具体的规定。

从此以后，欧洲高等教育一体化的列车徐徐开动。

1987年，伊拉斯谟计划开始实施。伊拉斯谟计划是"欧共体促进大学生流动的行动计划"的简称。计划的主要目的是组织和资助成员国的高校教师和学生在欧洲不同国家进行教学和学习，以提高教师的教学水平和学生的素质，培养具有欧洲意识的高级人才。"欧共体课程学分转化系统（ECTS）"也在这一计划中被提出。

在之后的几年里，"科卖特（Comett）计划"、"欧洲青年交流计划"、"语言培训计划"陆续得以实施。

1992年，欧盟取代欧共体，继续推进欧洲范围内的高等教育一体化进程。欧盟成立后，即将原来的十几个高等教育合作交流计划进行合并，分别纳入1995年制定的“苏格拉底计划（Soctates Programme）”和“达·芬奇计划（Leonado da Vinci Programme）”。

20世纪90年代中后期，欧盟加大了对“苏格拉底计划”和“达 ·芬奇计划”的支持力度。在1995—1999年间，为前者拨款8.5亿欧元，为后者拨款6.2亿欧元。两项计划都取得了积极的进展，但是从长远来看，依然缺乏明确的目标和规划，也缺乏统一的组织协调和监控。为此，欧盟开始酝酿建设“欧洲高等教育和研究空间”计划。

1998年5月，在庆祝巴黎大学建校800周年活动之际，法国教育部部长邀请了德、意、英三国教育部部长在索邦大学（La Sorbonne）会面，共同商谈高等教育体制改革问题，共同签署发表了一份《索邦宣言》。这一宣言提出了建设“欧洲高等教育和研究空间”的设想，目的在于促进欧洲各国师生的跨国流动和国际合作。

1999年，《博洛尼亚宣言》签署。葡萄牙同其他30多个欧洲国家一起，签署了《博洛尼亚宣言》，这一宣言的签署标志着创建“欧洲高等教育区”的行动正式开始。

《博洛尼亚宣言》签署后，欧洲高等教育和研究建设的进程引起了人们的高度关注，他们以此为主题召开了一系列学术研讨会。葡萄牙政府修改了本国高等教育入学机制，强化公立高等教育和私立高等教育、大学高等教育与职业高等教育之间的平等原则。提高教育、科研和实验的质量，以达到《博洛尼亚宣言》建立欧洲高等教育区的目标。

而对于高等教育机构的一些问题，葡萄牙当局也做出了诸多改革。特别是重组高等教育学位体系，按照《博洛尼亚宣言》要求，将高等教育学位分为学士、硕士、博士三个等级并调整了相应的学制。

让埃莱娜·纳扎雷尤为关注的是，葡萄牙政府还讨论了如何利用国家的宏观调控政策，使高校自主调整教育政策，以促进大学的科学研究进一步发展等方面的问题。在多方支持下，埃莱娜·纳扎雷多年来倡导和支持的大学科技成果转化工程，会在更大范围内得到推行，这不管是对阿威罗大学还是对葡萄牙的其他大学，都是一件好事。

## 萨拉曼卡：欧洲大学协会

2001年3月，萨拉曼卡。博洛尼亚的讨论还在继续。

3月29日–30日，欧洲300余所高等院校及其主要代表机构在西班牙萨拉曼卡召开会议，目的是在博洛尼亚进程的基础之上，加快欧盟各国高等教育的改革步伐，会上就高校在建设未来欧洲发展过程中的优先权和原则达成了协议。

坐落在托尔梅斯（Tormes）河北岸的萨拉曼卡是闻名世界的大学古城，有着欧洲古老的萨拉曼卡大学。参加会议的各高校代表认同，在萨拉曼卡建立欧洲大学协会具有象征意义和实际意义，因为它可以成为高校与政府和社会对话的代言者，同样也可以支持高校在欧洲高等教育和研究空间中建设自己的未来。

经过务实、深入、广泛的讨论，各国大学的参会代表达成一系列共识，这些共识让与会者既感到责任重大，又感到振奋人心——至少，在未来的几年里，欧洲的大学将在一致的方向上携手前行。这些共识涉及欧洲一体化进程中高等教育发展与合作的方方面面：

——会议提出的基本原则：独立自主与承担责任相结合，尊重差异和求同相结合。与会者认为，为了发展，欧洲的大学应具有独立自主和承担责任相结合的领导原则。大学有权确定自己的战略及选择在教学和开展科学研究方面的优先权，有权使用自己的资源，制订体现专业特点的教学大纲，以及制定聘任教授和录取学生的标准。欧洲的高等院校准备在国内、在欧洲、在世界范围参与竞争，为此他们需要必要的自由，需要有一个与人为善的、清晰的调节框架，以及足够的资金支持。否则的话，他们就没有可能参与合作与竞争。如果许多国家仍然实行上级直接调控，在行政和财务上对高等教育实行繁琐的监督的话，建设计划将会搁浅或者导致不公平竞争。竞争可以维护高等教育的质量，但也不能排除合作，也不能过分商业化。欧洲某些国家的大学尚未达到能够公平竞争的状态，而且在欧洲范围内也面临着的人才流失问题。

——欧洲高等教育和研究空间应当建立在教育应向社会承担责任的欧洲传统的基础之上，建立在接受学位前教育和学位后教育的就读机会具有广泛性和公开性的基础之上，建立在发展个体教育和终身教育的基础之上，建立在短期教育和长期教育都适合社会需求的国家制度的基础之上。科研是高等教育的动力，欧洲高等教育和研究空间的建设应当和欧洲科研区的建设同时、平行进行。

——欧洲的高等教育在语言、国家体制、学院类型、专业定

> 向培训、教学计划等方面从来都是多样化的，欧洲的未来取决于如何有效地利用这种宝贵的多样化资源的能力，要有效利用多样化资源以取得积极的成果，而不是制造障碍、互相排斥。但同时希望建立一个自动转换的体系以确保充分一致的水平，而不至于因学分、学位等级和质量标准的确定方面的过多差异，使得为实现最大限度的兼容性而付出的努力付诸东流。

除此之外，萨拉曼卡会议还提出了一些关键的问题，如高等教育和研究空间建设的质量问题、信任度问题、如何增加师生流动性的问题、如何使本科教育和研究生教育两个阶段的教育成为兼容体系的问题、欧洲高校如何增强吸引力的问题等。

对于埃莱娜·纳扎雷来说，这些问题几乎每一桩都是她在两届副校长任期内思考过、推动过的工作。现如今，当这些问题被摆上欧洲的平台，她深知，我们必须加快脚步，许多被一再搁置或者不了了之的问题，如今必须更快地得到解决，否则，阿威罗，甚至整个葡萄牙，将在这一轮欧洲大学深刻变革中丧失机会。

而萨拉曼卡会议更引人注目的，则是在欧洲范围内一个新的高等教育合作机构被提出并确认——欧洲各高等院校再次确认了支持成立欧洲大学协会的原则，要实现在2010年以前建成欧洲高等教育和研究空间的目标，并明确了各自所肩负的责任。

2001年11月1日，欧洲大学协会（European Universities Association，简称EUA）在比利时布鲁塞尔正式建立，成员包括47个国家的850个大学。很快，这个协会就发展成为欧洲最大的大学联合组织。

## 第一使命

人类进入新世纪的第一个十年并不平静。

阿富汗和伊拉克战争的爆发警示着世界暗流涌动的不稳定因素，泰国的军事政变和朝鲜平地惊雷的核试验提醒着世界政治的风云诡谲。

太平洋的西岸，人民币升值；太平洋的东岸，次贷危机波及全球，留下毁面性的倒退；而在远远相望的欧洲大陆，欧盟国家彼此和睦，聚拢在一起，互相取暖，凭借集体的力量，晋升成为世界第一大经济实体。

社会需求的变化、公共财政的危机、大学生新的期待、跨国教育的出现和国际化成为欧洲大学面临的新的挑战。随着全球化意识的加强和人才的全球性流动，欧洲各国原来的教育体制已经不能适应新的形势和要求，甚至阻碍了欧洲国家间的人才流动。欧洲教育一体化的要求越来越迫切，欧洲大学联盟的工作也迅速被推上正轨，紧锣密鼓，一路向前。

自2001欧洲大学协会成立开始，阿威罗大学和葡萄牙所有公立大学一起都成为这个协会的成员。

此时的埃莱娜·纳扎雷是于里奥·佩得罗沙校长任期的副校长。鉴于她长期的大学管理经验和国际视野，她被推荐参加了欧洲大学协会的评估团队，参与了这个系统建立的全过程。

欧洲大学协会建立的评估系统用来考评大学并且在欧洲和世界范围内进行排名。评估主要是分为两个部分，最先开始进行的是各大学的自我评估，这一结果上报给欧洲大学协会评估系统后，再由系统派出专职人员对参评大学进行外部评估。

评估工作困难重重。

大家都认为欧洲的大学需要一套评估系统，但大家也都认为，质量保证不能仅建立在一套共同标准的、单一鉴定的基础上。本着科学的、负责任的态度，埃莱娜·纳扎雷参与的评估团队为评估工作不断修正方向。在这个过程中，她严谨的态度、全身心的投入与宽广的视野给大家留下了极为深刻的印象。评估的愿景和方向最终为欧洲各国高校认可——为了建设未来，必须建立适合欧洲水平的质量保证结果互纳机制，其中包括认证机制。这些机制应当尊重民族、语言和学科上的差异，不增加学校的负担。

在这一过程中，埃莱娜·纳扎雷清楚地知道，要想提高欧洲大学的竞争力必须加大国家对高等教育的投入，并且加强大学同市场之间的联系，让大学进一步对社会开放，扩大知识和技术的传播，不断地鼓励国际间的联合。对阿威罗大学而言，需要努力扩大学校在欧洲大学协会中的发言权与话语权，充分利用共享平台中所能提供的大量资源，来发展本校优势与顶尖项目，以此来提高本校在世界范围内的知名度，争取得到更多更好的学生资源。

但是在这个时候，埃莱娜·纳扎雷校长已经不再只是一个葡萄牙大学的校长。欧洲范围内越来越多的合作伙伴希望她在更广阔的层面上发挥她积极的作用——在葡萄牙大学校长委员会的支持下，埃莱娜·纳扎雷进入欧洲大学协会调研委员会，并在2009年被选为管理委员会成员，被任命为副主席。

“协会的第一使命是要支持大学的发展，”埃莱娜·纳扎雷庄重而严肃地说。很显然，此时埃莱娜·纳扎雷关注的重心，已经从物理学实验室完全转移到高等教育，越来越多的人喜欢称呼她“教育家”而不是“物理学家”。

## 竞 选

2009年，埃莱娜·纳扎雷正式结束了她在阿威罗大学的第二个校长任期。

新的办公室在阿威罗大学首任校长办公室的隔壁——在阿威罗大学，所有卸任校长都在这个不起眼的小楼办公，这使得这个并不宽敞的空间具有了神秘的历史纵深感。

阿威罗大学首任校长办公室原貌

在这里接受采访，埃莱娜·纳扎雷笑着说：“我确实是第一个选出来的女校长。这也说明了阿威罗大学富有创新意识和冒险精神，你永远都不知道它将走向何方。”

对于整个人生而言，埃莱娜·纳扎雷原也不知道自己会走向何方。生命并没有特定的形象，甚至没有太多非遵守不可的规则。规则只是为了胆怯与懒惰的行路者而设立的，因为，沿着路标的指示走下去，他们虽然不一定能够找到生命的真相，却总是可以含糊地说出一些理由来。那些理由，那些像纲目一样的理由使人容易聚合成群，容易产生一种自满的安全感。但是，当山风袭来，当山风从群峰间呼啸而来的时候，只有孤独的行路者才能感受到那种生命里最强烈的震撼吧。埃莱娜·纳扎雷行走在自己的孤独里，经历漫长的成长，无视规则，在儿女和丈夫的凝视下，带着一颗完全透明的心往前走去。

她在继续毫不停歇地往前走。

2009年，一个挑战，或者说是机会，摆在埃莱娜·纳扎雷面前。

“当我有欧洲大学协会主席候选资格时，葡萄牙大学校长委员会（Conselho de Reitores da Universidades Portuguesas）认为我很有可能当选。当时我很清楚，我有能力胜任这一职务。”

埃莱娜·纳扎雷一如往常般自信和果决。然而，对于这次竞选，她的焦灼，或者说她的担忧，在另一方面开始滋长、蔓延。一个新的命题摆在她的面前——作为职业女性，她能否突破玻璃天花板的宿命。

她再不能像竞选阿威罗校长时那样坦荡。她是葡萄牙第一位被选为公立大学校长的女性。在那之前，世界各地就已经有一批同样伟大的女性率先拿下了世界第一、欧洲第一，她只需观察、努力，那个看似艰难的目标就已经在眼前了。而这一次，当她决定竞选欧洲大学协会主席的时候，前方的路尚未有先来者探寻的脚步。

在埃莱娜·纳扎雷公布了参选消息之后，她接到一个电话，电话是伊斯坦布尔理工大学（Istanbul Technical University）前校长古尔孙·萨格拉莫(Gulsun Saglamer)打来的。作为老朋友，萨格拉莫在电话中说："埃莱娜，首先恭喜你做出了这样一个决定，但同时，我想说的是，你选择这条路，摆在你面前的困难很难想象，你需要付出数倍于男性的努力和辛苦才行。加油，祝你成功！"

埃莱娜·纳扎雷在一次主题为"打破玻璃天花板"的国际会议期间接受采访。图中左二为伊斯坦布尔理工大学（Istanbul Technical University）前校长古尔孙·萨格拉莫(Gulsun Saglamer)

这通电话将埃莱娜·纳扎雷的思绪从欧洲范围内的大学政策拉到了职业女性发展这一对她而言更加终极的命题。

而在这个时候，她也意识到，提升女性的社会地位，除了个人做更多的事情，还需要等待时间来证明——这是一个漫长的奋斗和等待过程，很多事情只有在回头看的时候才能得到澄清。生气或者争辩似乎都没有什么用处，你可以默默地做更多的事情，同时安静地等待，等待岁月把所有的证据找回来。

她出生的那个年代，其实是有史以来第一次女性可以完整地发挥她们能力的时代。不管是在西方还是东方，从第二次世界大战以后，女性在享受教育的机会方面几乎可以说已经和男性完全平等了。

因此，一个女性可以在正常的情况下得到和男性完全相同的求知机会，如果她善于把握，那么，她所表现出来的成绩应该可以和她所作的努力成正比。

但是，整个社会却还没有准备好——这个千年来一直以男性为中心的社会却还没有准备好。“家庭电器化的结果促成了职业妇女的出现”，“副刊兴旺才会造成女教育家的出头”……凡此种种似是而非的荒谬说法在不断地被传述着，说的人和听的人都似乎暂时满意了，可是，这并不是事实的真相。

甚至仅仅在上一代人眼中，女人一生中最重要的事情就是去嫁人和去生孩子。好女孩的一切都是为了准备将来的婚姻，而结了婚以后，好妻子和好母亲的传统定义就是——放弃你自己心里一切的好恶，从今以后，只能以你亲人的好恶来决定你一生的方向。

所以，很多女性就这样交出了她的一生。而其实在这条路上，女性还有很多的可能、很多的发展机会和很多的自由，现代女性的命运，是上一代和她们以前的女性所无法想象的。在这条路上，现代女性所要做的，并不是去和男性争夺什么，而是去和男性并肩往前走，一起去观察、学习、并且努力去改善这个世界，更为重要的是，获得和男性同样的社会评价。

埃莱娜·纳扎雷显然并不觉得自己是个特别的女性。但是，她唯一知道的是，只要女性能够掌握自己的命运，也能把握一切的学习机会，只要知道，除了做女儿、做妻子、做母亲之外，也可以在几十年的人生岁月里做我们自己另外还想要做的那个角色。那么，便有足够的理由去相信，20年以后，或者再过20年以后，一定会有很多杰出的女性领导可以走进历史。

埃莱娜·纳扎雷知道，自己并不是要去争夺，也不是要去刻意表现，只是想在自己这一段生命里做一次自己。她可以用很多的时间来尽量做好一个女性应该做好的那些角色，就像男性也要做好丈夫与好父亲的角色一样。女性有权利给自己另外走出一条路来，在这条路上，女性只是一个独立的生命。

2011年4月15日，好消息见诸报端：

> 61岁的阿威罗大学前任女校长埃莱娜·纳扎雷，于昨日选举中打败丹麦对手，成功当选欧洲大学协会主席。
>
> 埃莱娜·纳扎雷9年前当选为阿威罗大学校长，成为葡萄牙第一位公立大学的女校长。2009年成为欧洲大学协会副主席，如今打败其丹麦竞选对手成功当选主席。该职位首次为葡萄牙人担任。
>
> 埃莱娜·纳扎雷的任期为期三年。欧洲大学协会由来自45个国家的850所大学组成。埃莱娜·纳扎雷希望“最大限度的拉近欧洲大学协会和各个成员之间的关系，了解各个大学的需求，并且帮助大学迎接欧洲在21世纪面临的挑战。[①]

---

① *Jornal de Notícias*, 2011—04—15.

Oktober 2009 Hochschule

n für
lungen der
tik neu an FH

Internationalität macht offensichtlich Spaß: Teilnehmer der EUA-Tagung während der Diskussion. Bilder: Möller

# Die Studierenden „fit machen für den globalen Arbeitsmarkt“

Tagung der European University Association an der JLU – „Mehr Personal in der Lehre“

GIESSEN (hh). „Die Studierenden müssen auf die globalisierte Welt vorbereitet werden“, sagt Prof. Margret Wintermantel. „Wir müssen sie fit machen für den globalen Arbeitsmarkt.“ Und deshalb ist für die Präsidentin der Hochschulrektorenkonferenz (HRK) die Internationalisierung eine der wichtigsten Aufgaben der Hochschulen. Mehr noch: „Internationalisierung muss Chefsache werden, denn sie bedarf eines professionellen Managements auf allen Ebenen“, fordert die Sozialpsychologin bei der Pressekonferenz aus Anlass der Herbsttagung der European University Association (EUA) an der Justus-Liebig-Universität (JLU).

Deshalb auch hat die HRK das Audit „Internationalisierung der Hochschulen“ ins Leben gerufen. „Mit Hilfe dieses Audits beraten und unterstützen wir unsere Mitglieder bei der Herausarbeitung ihres internationalen Profils und geben ihnen einen ‚Instrumentenkasten‘ für die Umsetzung ihrer Internationalisierungsstrategie an die Hand“, so Margret Wintermantel. In der Pilotphase werden sechs Hochschulen beraten, darunter auch die JLU. Denn schließlich sei die Gießener Universität „ein herausragendes Beispiel für gelebte Internationalisierung“. Und damit eigne sich die JLU „hervorragend“ als Veranstaltungsort für die Tagung des europäischen Hochschulverbandes. Drei Tage lang widmen sich die rund 370 Teilnehmer dem Thema „Internationalisierung über Europas Grenzen hinaus – Steigerung der Attraktivität durch Partnerschaften und Kooperationen weltweit“. Denn der Bologna-Prozess – also die Schaffung eines einheitlichen europäischen Hochschulwesens – „ist nicht nur ein innereuropäischer Prozess, sondern bedeute zugleich die Öffnung Europas für die Welt“, sagte JLU-Präsident Stefan Hormuth. Deshalb müsse die Internationalisierung über Europas Grenzen hinaus neu definiert werden.

In verschiedenen Sektionen wird das Thema noch bis heute an der JLU diskutiert, werden zahlreiche Beispiele aus der internationalen Praxis vorgestellt. Dabei ist EUA-Präsident Jean-Marc Rapp überzeugt, dass „Bologna ein Erfolg ist“. Auch wenn die Umstellung noch nicht abgeschlossen sei. Unter Studierenden dürfte diese positive Bewertung durchaus umstritten sein, schließlich werden von ihnen immer wieder die starke Verschulung der Hochschulausbildung, die übervollen Stundenpläne und die keineswegs unkomplizierte Anerkennung der Abschlüsse an anderen – deutschen wie ausländischen – Hochschulen kritisiert. Zudem drängt sich ein weiteres Problem auf: die deutlich steigenden Studierendenzahlen. Denn nicht nur Gießens Hochschulen melden zum Wintersemester mal wieder einen Rekord bei den Erstsemestern. Übervolle Vorlesungen und Seminare – aber auch Enttäuschung, Frustration und Sorge um die Qualität der Ausbildung – werden die Konsequenzen sein und womöglich die Bedeutung des Themas Internationalisierung für die Hochschüler in den Hintergrund drängen.

## Fördergelder

Deshalb auch fordert Margret Wintermantel „einen weiteren Ausbau der Studienplätze“. Schließlich ist das Ziel von Bologna „nicht nur Mobilisierung, sondern auch Ausbildung in kleinen Gruppen“. Im Klartext: „Wir brauchen mehr Personal in der Lehre.“ Internationalisierung bedeute nämlich auch, dass an deutschen Hochschulen „internationale Betreuungsstandards“ herrschen. Denn sonst „können wir die hohen Erwartungen, die an uns gestellt werden, nicht erfüllen“. Als positives Signal der Politik wertet Hormuth, der gleichzeitig Präsident des Deutschen Akademischen Austauschdienstes ist, dass der Etat

她终于完成理想中的一件大事，这于她自己、于葡萄牙，甚至于她身后所代表的万千职业女性而言，都是幸事。但她并没有忘乎所以，她知道在她面前仍旧有许许多多让人为难和窘迫的现实问题需要她去解决。

她必须马不停蹄地前行，必须，一刻也不能停。

埃莱娜·纳扎雷就任欧洲大学协会主席

## 欧洲交响

在埃莱娜·纳扎雷看来，欧洲的大学教育，面临着有史以来最大的挑战，但同时也是最好的发展时期。

“现在欧洲的大学普遍处于一个转型期，需要让各大学享有自治，让科研人员能够独立自由地进行研究。大学有很多需要改进的地方，需要很多资金的支持。如果大学教育继续得不到重视的话，下一代的未来将受到威胁。”当选欧洲大学协会主席之后，埃莱娜·纳扎雷在接受采访时说。

经过十几年的努力，欧洲高等教育一体化已经初现端倪。大学教育的稳步提升除了需要政府间的协调工作外，欧洲大学协会同样也发挥着重要作用，一体化的推进得到了各国的积极配合。同时，随着欧洲一体化进程的推进，以及各国高校师生自由流动的不断加强，高等教育资源得以自由流通，这对节省欧洲高等教育资源，使欧洲高校最终能与美国一较高下起着至关重要的作用。但是，埃莱娜·纳扎雷和欧洲大学协会需要面对的新问题是，按照市场规律，资源总是流入“利润最丰厚”的生产部门。在欧洲各国一直推行的“博洛尼亚进程”中，欧洲高等教育资源也许会大量流入牛津、剑桥等世界一流大学，这可能会导致欧洲各高校师资分布的严重不平衡，导致强者愈强、弱者愈弱的局面。因此，必须处理好高等教育资源如何整合的问题。

在担任主席后，埃莱娜·纳扎雷做的第一件事，便是重新梳理欧洲大学协会的现有项目和系统。在她的主导下，欧洲大学协会调整并再次确认了自己的使命：

——推动欧洲政策以加强大学在欧洲知识社会发展中的作用；

——促进大学校长、国家机构和国家协会之间的交流；

——在全球范围内扩大欧洲大学的知名度；

——在欧洲、国家和区域范围内影响主要决策者的决策意见；

——定期开展和进行关于政策的讨论以影响政策发展；

——积极开发有利于各个大学的知识休系和重点学科建设项目，同时支持政策发展；

——通过互相学习和交流经验，加强各大学的管理和领导；

——加强各成员国之间的合作，建立与世界其他区域组织的合作与对话等。

埃莱娜·纳扎雷面对的难题在于，按照欧洲高等教育改革的精神，参与欧洲大学协会的各大高校，在学位设置上有权保持高度的自治和特色，一体化并不是要消除各自的特点，使40多个国家的高校"千篇一律"，而是要把保留特色和协调统一结合起来，但是，面对欧洲如此之多的学位设置和差异如此巨大的课程设置，如何解决协调统一和多样化这对矛盾将是一项非常繁杂而艰难的工作。40多个国家要做到步调一致，经济发达的西欧和北欧国家的作用是十分重要的。它们如果走得太快，一些教育水平相对比较低的国家跟不上；如果它们行动过于缓慢则会影响目标的实现。因此协调非常重要，只有各个学校找准自己的优势学科，发展起不可替代的重点学科建设，才能真正促进本学校的健康持续发展。

这确实不是一件简单的事情。

这些内容对埃莱娜·纳扎雷而言并不陌生，她在葡萄牙国内的高等教育改革和整个欧洲的大学教育政策推行中都发挥着重要的作用，她直接参与过许多决议的制定，但操作起来也绝非易事，毕竟，此时此刻，她需要协调的是一个国际组织——一个包括47个国家850所大学在内的庞大机构。

好在她强硬的性格和雷厉风行的作风帮她解决了一些难事，不管道路多么曲折，高等教育的发展必然是前行的，埃莱娜·纳扎雷期待着，和我们一同期待着。

这是欧洲教育的交响。

## 圣若安娜

很显然，埃莱娜·纳扎雷的故事并没有结束。也许，这才仅仅是一个崭新高峰的开始。

不急。

期待中，让我们一起来听一段关于阿威罗的故事。

1452年2月6日，圣若安娜公主（Princesa Santa Joana）出生，她是葡萄牙阿维斯王朝阿方索五世和第一任妻子伊莎贝尔女王的女儿。阿维斯王朝是统治葡萄牙的第二个王朝，从1385年持续到1582年。

1475年，圣若安娜公主在拒绝了数次求婚后，在阿威罗皈依天主教会。从1475年至1490年去世，圣若安娜公主完全按照修女的生活方式居住在阿威罗修道院。

埃莱娜·纳扎雷在阿威罗“圣若安娜日”纪念活动上。居中佩戴市长徽者为时任阿威罗市市长

很多穷人、病人、囚犯和信徒视她为保护神，圣若安娜公主在他们之中有着良好的口碑。她经常施舍衣物、钱财、食物给那些需要帮助的人，所有这些举动都为圣若安娜公主赢得了名声。在她死后，教皇为她行宣福礼，并举办盛大的典礼，宣布圣若安娜公主为阿威罗这座城市的守护者。

如今，每年的5月12日被定为“圣若安娜日”，这一天同时也是阿威罗的法定假日。

2007年3月，和圣若安娜公主一道，玛丽亚·埃莱娜·瓦斯·德卡瓦略·纳扎雷被列为阿威罗杰出女性。

埃莱娜·纳扎雷被列为阿威罗杰出女性

# 参考文献

新华通讯社译名室. 葡萄牙语姓名译名手册（重排本）. 商务印书馆. 1995.

中国地名委员会. 外国地名译名手册. 商务印书馆. 1993.

〔葡〕玛莉亚·布埃斯库著. 姚越秀译. 葡萄牙文学史.中国文联出版公司. 1998.

王新凤. 欧洲高等教育区域整合研究——聚焦博洛尼亚进程. 社会科学文献出版社. 2013.

〔瑞士〕吕埃格著.张斌贤译. 欧洲大学史：中世纪大学（第1卷）.河北大学出版社. 2008.

贺国庆. 欧洲大学史：近代早期的欧洲大学（1500—1800）（第2卷）. 河北大学出版社. 2008.

〔瑞士〕戴维·伯明翰著.周巩固，周文清等译. 葡萄牙史. 中国出版集团，商务印书馆. 2010.

〔英〕诺曼·戴维斯著.郭方，刘北成译. 欧洲史（上、下）.世界知识出版社. 2007.

〔荷兰〕彼得·李伯庚著.赵复三译. 欧洲文化史. 上海社会科学院出版社. 2004.

〔法〕罗曼·加里著. 王文融译. 欧洲教育. 人民文学出版社. 2006.

〔德〕曼弗雷德·富尔曼著. 任革译. 公民时代的欧洲教育典范. 人民出版社. 2013.

张彦通. 欧洲地区高等教育质量保障体系研究. 北京航空航天大学出版社. 2007.

〔英〕乔伊·帕尔默. 教育究竟是什么? 100位思想家论教育.北京大学出版社. 2008.

〔葡〕佩德罗·泰克希拉著. 高玲, 胡咏梅等译. 理想还是现实: 高等教育中的市场. 北京师范大学出版社. 2008.

AMORIM, I. História da Universidade de Aveiro—A Construção da Memória. Ed. Universidade de Aveiro. 2001.

SURSOCK. A., SMIDT. H. Trends 2010: a Decade of Change in European Higher Education. European University Association. 2010.

NEAVE, G., AMARAL. A. Higher Education in Portugal 1974–2009. Ed. Springer Verlog. 2012.

Source Wikipedia. Education in Portugal: Higher Education in Portugal, Praxe, Ordem DOS Engenheiros, Queima das fitas. Ed. Books LLC, Wiki Series. 2011.

Source Wikipedia. Higher Education in Portugal: Higher Education in Portugal, Instituto Superior Tecnico, List of Higher Education Institutions in Portugal. Ed. Books LLC, Wiki Series. 2011.

Source Wikipedia. Education in Portugal by City or Town: Education in Lisbon, Education in Porto, University of Coimbra. Ed. Books LLc. 2010.

RUSSELL. J., COHN. R. Education in Portugal. Ed. Book on Demand Ltd. 2013.

**图书在版编目(CIP)数据**

玛利亚·埃莱娜·纳扎雷——葡萄牙阿威罗大学校长/杨懿,高静然著.
—北京:中国传媒大学出版社,2014.9
ISBN 978—7—5657—1157—2

Ⅰ.①玛…　Ⅱ.①杨…　②高…　Ⅲ.①纳扎雷—人物研究
Ⅳ.①K835.525.46

中国版本图书馆 CIP 数据核字（2014）第 176558 号

**玛利亚·埃莱娜·纳扎雷——葡萄牙阿威罗大学校长**

**著　　者**　杨　懿　高静然
**责任编辑**　司马兰　姜颖昳
**特约编辑**　张玭玭
**责任印制**　曹　辉
**封扉设计**　创意源文化艺术
**出 版 人**　蔡　翔

**出版发行**　中国传媒大学出版社
**社　　址**　北京市朝阳区定福庄东街 1 号　邮编:100024
**电　　话**　86—10—65450528　65450532　传真:65779405
**网　　址**　http://www.cucp.com.cn
**经　　销**　全国新华书店

**印　　刷**　三河市东方印刷有限公司
**开　　本**　670mm×970mm　1/16
**印　　张**　12.75
**字　　数**　137 千字
**版　　次**　2014 年 9 月第 1 版　　2014 年 9 月第 1 次印刷

**书　　号**　ISBN 978—7—5657—1157—2/K·1157　　**定　　价**　45.00 元